DIETA DASH 2022

RICETTE A BASSO CONTENUTO DI SODIO PER ACCELERARE LA PERDITA DI PESO E RIDURRE LA PRESSIONE SANGUIGNA MIGLIORANDO LA TUA SALUTE

MILA GAVA

Sommario

Senape Verde Sauté 12

Bok Choy Mix 13

Mix di Fagiolini e Melanzane 14

Mix Olive e Carciofi 15

Curcuma Peperoni Dip 16

Crema Di Lenticchie 17

Noci Tostate 18

Piazze di mirtilli rossi 19

Barrette di cavolfiore 20

Ciotole Mandorle e Semi 21

Patatine 22

Kale Dip 23

Chips di barbabietole 24

Salsa Di Zucchine 25

Semi e mix di mele 26

Crema di zucca 27

Crema di spinaci 28

Olive e Salsa di Coriandolo 29

Salsa di erba cipollina e barbabietola 30

Salsa di cetriolo 31

Salsa Di Ceci 32

Olive Dip 33

Cipolle Di Cocco Dip 34

Pinoli e salsa di cocco 35

Salsa di rucola e cetrioli 36

Salsa al formaggio 37

Salsa allo yogurt alla paprika 38

Salsa di cavolfiore 39

Crema Di Gamberetti 40

Salsa alla pesca 41

Chips di carote 42

Bocconcini Di Asparagi 43

Ciotole Di Fichi Al Forno 44

Salsa di cavolo e gamberetti 45

Spicchi di Avocado 46

Salsa al limone 47

Salsa di patate dolci 48

Salsa Di Fagioli 49

Salsa Di Fagiolini 50

Crema di carote 51

Salsa Di Pomodoro 52

Ciotole Di Salmone 53

Pomodoro e Salsa Di Mais 54

Funghi Al Forno 55

Fagioli Spalmabili 56

Salsa di finocchi al coriandolo 57

Bocconcini di cavoletti di Bruxelles 58

Bocconcini di noci balsamiche 59

Chips di rapanello 60

Insalata di porri e gamberetti 61

Salsa di porri 62

Slaw di peperoni	63
Salsa di mais	65
Barrette di fagioli	66
Mix di semi di zucca e patatine di mela	67
Pomodori e salsa allo yogurt	68
Ciotole di barbabietola di Caienna	69
Ciotole di noci e noci pecan	70
Muffin Di Salmone Al Prezzemolo	71
Ciotole Di Cipolla Perla Di Formaggio	72
Barrette di broccoli	73
Salsa di ananas e pomodoro	74
Mix di Tacchino e Carciofi	75
Origano Turchia Mix	76
Pollo all'arancia	77
Aglio Tacchino e Funghi	78
Pollo e Olive	79
Misto Balsamico di Tacchino e Pesche	80
Pollo al cocco e spinaci	81
Mix di pollo e asparagi	83
Tacchino e Broccoli Cremosi	84
Mix di fagioli verdi con pollo e aneto	85
Zucchine di pollo e peperoncino	86
Mix di avocado e pollo	88
Turchia e Bok Choy	89
Pollo con Cipolla Rossa Mix	90
Tacchino caldo e riso	91
Porro e pollo al limone	93

Tacchino con Mix di Cavolo Verza 94

Pollo con scalogno alla paprika 95

Salsa Di Pollo E Senape 97

Mix di pollo e sedano 98

Tacchino al lime con patate novelle 100

Pollo con senape 102

Pollo e mele al forno 103

Pollo Chipotle 105

Tacchino alle erbe 107

Salsa di pollo e zenzero 109

Pollo e Mais 110

Curry Turchia e Quinoa 111

Pastinaca di tacchino e cumino 112

Ceci Tacchino e Coriandolo 113

Tacchino con fagioli e olive 115

Quinoa di pollo e pomodoro 116

Ali di pollo pimento 117

Mix di gamberi e ananas 118

Salmone e Olive Verdi 119

Salmone e Finocchio 120

Baccalà e Asparagi 121

Gamberetti speziati 122

Branzino e Pomodori 123

Gamberetti e Fagioli 124

Mix di gamberi e rafano 125

Insalata di gamberi e dragoncello 126

Mix di merluzzo al parmigiano 127

Mix di tilapia e cipolla rossa 128

Insalata di trote.. 129

Trota Balsamica 130

Salmone Prezzemolo.. 131

Insalata di trote e verdure... 132

Salmone allo zafferano... 133

Insalata di gamberi e anguria 134

Insalata di origano gamberetti e quinoa 135

Insalata Di Granchio... 136

Capesante Balsamiche 137

Mix cremoso di passere 138

Salmone piccante e mix di mango 139

Mix di gamberetti all'aneto 140

Patè Di Salmone.. 141

Gamberetti ai Carciofi 142

Gamberetti con salsa al limone 143

Tonno e Arancia Mix 144

Salmone al curry 145

Salmone e Carote Mix 146

Mix di gamberetti e pinoli 147

Chili Cod e Fagiolini.. 148

Capesante all'aglio 149

Mix cremoso di branzino.. 150

Mix di spigola e funghi 151

Zuppa Di Salmone 152

Gamberetti alla noce moscata 153

Mix di gamberi e frutti di bosco... 154

Trota Limone Al Forno	155
Capesante all'erba cipollina	156
Polpette Di Tonno	157
Salmone Pan	158
Miscela di merluzzo alla senape	159
Mix di gamberi e asparagi	160
Merluzzo e Piselli	161
Ciotole Di Gamberetti E Cozze	162
Crema Menta	163
Budino Di Lamponi	164
Barrette di mandorle	165
Mix di pesche al forno	166
Torta Di Noci	167
Torta di mele	168
Crema alla cannella	169
Mix cremoso di fragole	170
Brownies alla vaniglia e noci pecan	171
Budino Di Cacao	173
Crema alla vaniglia alla noce moscata	174
Crema di avocado	175
Crema Di Lamponi	176
Insalata di anguria	177
Mix di pere al cocco	178
Composta di mele	179
Stufato di albicocche	180
Mix di melone al limone	181
Crema cremosa al rabarbaro	182

Ciotole di ananas	183
Stufato di mirtilli	184
Budino Di Lime	185
Crema di pesche	186
Miscela Di Prugne Alla Cannella	187
Chia e Mele Vaniglia	188
Stufato di rabarbaro	190
Crema di rabarbaro	191
Insalata Di Mirtilli	192
Datteri e crema di banana	193
Muffin alla prugna	194
Ciotole di prugne e uvetta	195
Barrette di semi di girasole	196
Ciotole per more e anacardi	197
Ciotole Arancia e Mandarini	198
Crema Di Zucca	199
Mix di fichi e rabarbaro	200
Banana speziata	201
Frullato al cacao	202
Bar con tè verde e datteri	204
Crema di noci	205
Torta al limone	206
Barrette di uvetta	207
Nettarine Squares	208
Stufato di uva	209
Crema Mandarino e Prugne	210
Crema di Ciliegie e Fragole	211

Cardamomo, noci e budino di riso 212
Pane alle pere 213
Budino Di Riso E Ciliegie 214
Stufato Di Anguria 215
Budino allo zenzero 216
Crema di anacardi 217
Biscotti alla canapa 218
Ciotole Mandorle e Melograno 219

Senape Verde Sauté

Tempo di preparazione: 10 minuti
Tempo di cottura: 12 minuti
Porzioni: 4

Ingredienti:
- 6 tazze di senape
- 2 cucchiai di olio d'oliva
- 2 cipollotti, tritati
- ½ tazza di crema al cocco
- 2 cucchiai di paprika dolce
- Pepe nero al gusto

Indicazioni:
1. Riscaldare una padella con l'olio a fuoco medio-alto, aggiungere le cipolle, la paprika e il pepe nero, mescolare e far rosolare per 3 minuti.
2. Aggiungere la senape e gli altri ingredienti, mescolare, cuocere per altri 9 minuti, dividere tra i piatti e servire come contorno.

Nutrizione: calorie 163, grassi 14,8, fibre 4,9, carboidrati 8,3, proteine 3,6

Bok Choy Mix

Tempo di preparazione: 10 minuti
Tempo di cottura: 12 minuti
Porzioni: 4

Ingredienti:
- 1 cucchiaio di olio di avocado
- 1 cucchiaio di aceto balsamico
- 1 cipolla gialla, tritata
- 1 libbra di bok choy, spezzettato
- 1 cucchiaino di cumino, macinato
- 1 cucchiaio di cocco aminos
- ¼ di tazza di brodo vegetale a basso contenuto di sodio
- Pepe nero al gusto

Indicazioni:
1. Scaldare una padella con l'olio a fuoco medio-alto, aggiungere la cipolla, il cumino e il pepe nero, mescolare e cuocere per 3 minuti.
2. Aggiungere il bok choy e gli altri ingredienti, mescolare, cuocere per altri 8-9 minuti, dividere tra i piatti e servire come contorno.

Nutrizione: calorie 38, grassi 0,8, fibre 2, carboidrati 6,5, proteine 2,2

Mix di Fagiolini e Melanzane

Tempo di preparazione: 4 minuti
Tempo di cottura: 40 minuti
Porzioni: 4

Ingredienti:
- 1 libbra di fagiolini, tagliati e tagliati a metà
- 1 melanzana piccola, tagliata a pezzi grandi
- 1 cipolla gialla, tritata
- 2 cucchiai di olio d'oliva
- 2 cucchiai di succo di lime
- 1 cucchiaino di paprika affumicata
- ¼ di tazza di brodo vegetale a basso contenuto di sodio
- Pepe nero al gusto
- ½ cucchiaino di origano essiccato

Indicazioni:
1. In una teglia unire i fagiolini con le melanzane e gli altri ingredienti, mescolare, introdurre in forno, infornare a 390 ° C per 40 minuti, dividere tra i piatti e servire come contorno.

Nutrizione: calorie 141, grassi 7,5, fibre 8,9, carboidrati 19, proteine 3,7

Mix Olive e Carciofi

Tempo di preparazione: 5 minuti
Tempo di tubare: 0 minuti
Porzioni: 4

Ingredienti:
- 10 once di cuori di carciofi in scatola, senza sale aggiunto, scolati e tagliati a metà
- 1 tazza di olive nere, snocciolate e affettate
- 1 cucchiaio di capperi, scolati
- 1 tazza di olive verdi, snocciolate e affettate
- 1 cucchiaio di prezzemolo tritato
- Pepe nero al gusto
- 2 cucchiai di olio d'oliva
- 2 cucchiai di aceto di vino rosso
- 1 cucchiaio di erba cipollina tritata

Indicazioni:
1. In un'insalatiera unire i carciofi alle olive e agli altri ingredienti, mescolare e servire come contorno.

Nutrizione: calorie 138, grassi 11, fibre 5.1, carboidrati 10, proteine 2.7

Curcuma Peperoni Dip

Tempo di preparazione: 4 minuti
Tempo di cottura: 0 minuti
Porzioni: 4

Ingredienti:
- 1 cucchiaino di curcuma in polvere
- 1 tazza di crema al cocco
- 14 once di peperoni rossi, senza sale aggiunto, tritati
- Succo di ½ limone
- 1 cucchiaio di erba cipollina tritata

Indicazioni:
1. Nel tuo frullatore, unisci i peperoni con la curcuma e gli altri ingredienti tranne l'erba cipollina, sbatti bene, dividi in ciotole e servi come spuntino con l'erba cipollina cosparsa.

Nutrizione: calorie 183, grassi 14,9, fibre 3. carboidrati 12,7, proteine 3,4

Crema Di Lenticchie

Tempo di preparazione: 5 minuti
Tempo di cottura: 0 minuti
Porzioni: 4

Ingredienti:
- 14 once di lenticchie in scatola, scolate, senza sale aggiunto, sciacquate
- Succo di 1 limone
- 2 spicchi d'aglio, tritati
- 2 cucchiai di olio d'oliva
- ½ tazza di coriandolo tritato

Indicazioni:
1. In un frullatore unire le lenticchie con l'olio e gli altri ingredienti, frullare bene, dividere in ciotole e servire come crema da festa.

Nutrizione: calorie 416, grassi 8,2, fibre 30,4, carboidrati 60,4, proteine 25,8

Noci Tostate

Tempo di preparazione: 5 minuti
Tempo di cottura: 15 minuti
Porzioni: 8

Ingredienti:
- ½ cucchiaino di paprika affumicata
- ½ cucchiaino di peperoncino in polvere
- ½ cucchiaino di aglio in polvere
- 1 cucchiaio di olio di avocado
- Un pizzico di pepe di Caienna
- 14 once di noci

Indicazioni:
1. Distribuire le noci su una teglia foderata, aggiungere la paprika e gli altri ingredienti, mescolare e infornare a 410 gradi per 15 minuti.
2. Dividi in ciotole e servi come spuntino.

Nutrizione: calorie 311, grassi 29,6, fibre 3,6, carboidrati 5,3, proteine 12

Piazze di mirtilli rossi

Tempo di preparazione: 3 ore e 5 minuti

Tempo di cottura: 0 minuti
Porzioni: 4

Ingredienti:
- 2 once di crema di cocco
- 2 cucchiai di fiocchi d'avena
- 2 cucchiai di cocco, sminuzzato
- 1 tazza di mirtilli rossi

Indicazioni:
1. In un frullatore, unire l'avena con i mirtilli rossi e gli altri ingredienti, sbattere bene e distribuire in una padella quadrata.

Tagliarli a quadretti e conservarli in frigo per 3 ore prima di servire.

Nutrizione: calorie 66, grassi 4.4, fibre 1.8, carboidrati 5.4, proteine 0.8

Barrette di cavolfiore

Tempo di preparazione: 10 minuti
Tempo di cottura: 30 minuti
Porzioni: 8

Ingredienti:
- 2 tazze di farina integrale
- 2 cucchiaini di lievito in polvere
- Un pizzico di pepe nero
- 2 uova sbattute
- 1 tazza di latte di mandorle
- 1 tazza di cimette di cavolfiore, tritate
- ½ tazza di formaggio cheddar a basso contenuto di grassi, sminuzzato

Indicazioni:
1. In una ciotola unire la farina con il cavolfiore e gli altri ingredienti e mescolare bene.
2. Distribuire in una teglia, introdurre in forno, infornare a 400 ° C per 30 minuti, tagliare a barrette e servire come spuntino.

Nutrizione: calorie 430, grassi 18,1, fibre 3,7, carboidrati 54, proteine 14,5

Ciotole Mandorle e Semi

Tempo di preparazione: 5 minuti
Tempo di cottura: 10 minuti
Porzioni: 4

Ingredienti:
- 2 tazze di mandorle
- ¼ di tazza di cocco, sminuzzato
- 1 mango, sbucciato e tagliato a cubetti
- 1 tazza di semi di girasole
- Spray da cucina

Indicazioni:
1. Distribuire le mandorle, il cocco, il mango ei semi di girasole su una teglia, ungere con lo spray da cucina, mescolare e infornare a 400 gradi per 10 minuti.
2. Dividi in ciotole e servi come spuntino.

Nutrizione: calorie 411, grassi 31,8, fibre 8,7, carboidrati 25,8, proteine 13,3

Patatine

Tempo di preparazione: 10 minuti
Tempo di cottura: 20 minuti
Porzioni: 4

Ingredienti:
- 4 patate dorate, sbucciate e tagliate a fettine sottili
- 2 cucchiai di olio d'oliva
- 1 cucchiaio di peperoncino in polvere
- 1 cucchiaino di paprika dolce
- 1 cucchiaio di erba cipollina tritata

Indicazioni:
1. Distribuire le patatine su una teglia foderata, aggiungere l'olio e gli altri ingredienti, mescolare, introdurre in forno e infornare a 390 gradi per 20 minuti.
2. Dividete in ciotole e servite.

Nutrizione: calorie 118, grassi 7.4, fibre 2.9, carboidrati 13.4, proteine 1.3

Kale Dip

Tempo di preparazione: 10 minuti
Tempo di cottura: 20 minuti
Porzioni: 4

Ingredienti:
- 1 mazzetto di foglie di cavolo
- 1 tazza di crema al cocco
- 1 scalogno, tritato
- 1 cucchiaio di olio d'oliva
- 1 cucchiaino di peperoncino in polvere
- Un pizzico di pepe nero

Indicazioni:
1. Scaldare una padella con l'olio a fuoco medio, aggiungere gli scalogni, mescolare e far rosolare per 4 minuti.
2. Aggiungere il cavolo nero e gli altri ingredienti, portare a ebollizione e cuocere a fuoco medio per 16 minuti.
3. Frullare con un frullatore ad immersione, dividere in ciotole e servire come spuntino.

Nutrizione: calorie 188, grassi 17,9, fibre 2,1, carboidrati 7,6, proteine 2,5

Chips di barbabietole

Tempo di preparazione: 10 minuti
Tempo di cottura: 35 minuti
Porzioni: 4

Ingredienti:
- 2 barbabietole, sbucciate e tagliate a fettine sottili
- 1 cucchiaio di olio di avocado
- 1 cucchiaino di cumino, macinato
- 1 cucchiaino di semi di finocchio, schiacciati
- 2 cucchiaini di aglio, tritato

Indicazioni:
1. Distribuire le patatine di barbabietola su una teglia foderata, aggiungere l'olio e gli altri ingredienti, mescolare, introdurre in forno e infornare a 400 gradi per 35 minuti.
2. Dividere in ciotole e servire come spuntino.

Nutrizione: calorie 32, grassi 0.7, fibre 1.4, carboidrati 6.1, proteine 1.1

Salsa Di Zucchine

Tempo di preparazione: 5 minuti
Tempo di cottura: 10 minuti
Porzioni: 4

Ingredienti:
- ½ tazza di yogurt magro
- 2 zucchine, tritate
- 1 cucchiaio di olio d'oliva
- 2 cipollotti, tritati
- ¼ di tazza di brodo vegetale a basso contenuto di sodio
- 2 spicchi d'aglio, tritati
- 1 cucchiaio di aneto, tritato
- Un pizzico di noce moscata, macinata

Indicazioni:
1. Riscaldare una padella con l'olio a fuoco medio, aggiungere le cipolle e l'aglio, mescolare e far rosolare per 3 minuti.
2. Aggiungere le zucchine e gli altri ingredienti tranne lo yogurt, mescolare, cuocere ancora per 7 minuti e togliere dal fuoco.
3. Aggiungere lo yogurt, frullare con un frullatore ad immersione, dividere in ciotole e servire.

Nutrizione: calorie 76, grassi 4.1, fibre 1.5, carboidrati 7.2, proteine 3.4

Semi e mix di mele

Tempo di preparazione: 10 minuti
Tempo di cottura: 20 minuti
Porzioni: 4

Ingredienti:
- 2 cucchiai di olio d'oliva
- 1 cucchiaino di paprika affumicata
- 1 tazza di semi di girasole
- 1 tazza di semi di chia
- 2 mele, private del torsolo e tagliate a spicchi
- ½ cucchiaino di cumino, macinato
- Un pizzico di pepe di Caienna

Indicazioni:
1. In una ciotola unire i semi con le mele e gli altri ingredienti, mescolare, stendere su una teglia foderata, introdurre in forno e infornare a 350 gradi per 20 minuti.
2. Dividi in ciotole e servi come spuntino.

Nutrizione: calorie 222, grassi 15,4, fibre 6,4, carboidrati 21,1, proteine 4

Crema di zucca

Tempo di preparazione: 5 minuti
Tempo di cottura: 0 minuti
Porzioni: 4

Ingredienti:
- 2 tazze di polpa di zucca
- ½ tazza di semi di zucca
- 1 cucchiaio di succo di limone
- 1 cucchiaio di pasta di semi di sesamo
- 1 cucchiaio di olio d'oliva

Indicazioni:
1. In un frullatore unire la zucca con i semi e gli altri ingredienti, frullare bene, dividere in ciotole e servire una crema da festa.

Nutrizione: calorie 162, grassi 12,7, fibre 2,3, carboidrati 9,7, proteine 5,5

Crema di spinaci

Tempo di preparazione: 10 minuti
Tempo di cottura: 20 minuti
Porzioni: 4

Ingredienti:
- 1 libbra di spinaci, tritati
- 1 tazza di crema al cocco
- 1 tazza di mozzarella a basso contenuto di grassi, sminuzzata
- Un pizzico di pepe nero
- 1 cucchiaio di aneto, tritato

Indicazioni:
1. In una teglia unire gli spinaci con la panna e gli altri ingredienti, mescolare bene, introdurre in forno e infornare a 400 gradi per 20 minuti.
2. Dividete in ciotole e servite.

Nutrizione: calorie 186, grassi 14,8, fibre 4,4, carboidrati 8,4, proteine 8,8

Olive e Salsa di Coriandolo

Tempo di preparazione: 5 minuti
Tempo di cottura: 0 minuti
Porzioni: 4

Ingredienti:
- 1 cipolla rossa, tritata
- 1 tazza di olive nere, snocciolate e tagliate a metà
- 1 cetriolo, a cubetti
- ¼ di tazza di coriandolo, tritato
- Un pizzico di pepe nero
- 2 cucchiai di succo di lime

Indicazioni:
1. In una ciotola unire le olive con il cetriolo e il resto degli ingredienti, mescolare e servire freddo come spuntino.

Nutrizione: calorie 64, grassi 3.7, fibre 2.1, carboidrati 8.4, proteine 1.1

Salsa di erba cipollina e barbabietola

Tempo di preparazione: 5 minuti
Tempo di cottura: 25 minuti
Porzioni: 4

Ingredienti:
- 2 cucchiai di olio d'oliva
- 1 cipolla rossa, tritata
- 2 cucchiai di erba cipollina tritata
- Un pizzico di pepe nero
- 1 barbabietola, sbucciata e tritata
- 8 once di crema di formaggio magro
- 1 tazza di crema al cocco

Indicazioni:
1. Scaldare una padella con l'olio a fuoco medio, aggiungere la cipolla e far rosolare per 5 minuti.
2. Aggiungere il resto degli ingredienti e cuocere il tutto per altri 20 minuti mescolando spesso.
3. Trasferire il composto nel frullatore, frullare bene, dividere in ciotole e servire.

Nutrizione: calorie 418, grassi 41,2, fibre 2,5, carboidrati 10, proteine 6.4

Salsa di cetriolo

Tempo di preparazione: 5 minuti
Tempo di cottura: 0 minuti
Porzioni: 4

Ingredienti:
- 1 libbra di cetrioli a cubetti
- 1 avocado, sbucciato, snocciolato e tagliato a cubetti
- 1 cucchiaio di capperi, scolati
- 1 cucchiaio di erba cipollina tritata
- 1 cipolla rossa piccola, a cubetti
- 1 cucchiaio di olio d'oliva
- 1 cucchiaio di aceto balsamico

Indicazioni:
1. In una ciotola unire i cetrioli con l'avocado e gli altri ingredienti, mescolare, dividere in coppette e servire.

Nutrizione: calorie 132, grassi 4.4, fibra 4, carboidrati 11.6, proteine 4.5

Salsa Di Ceci

Tempo di preparazione: 5 minuti
Tempo di cottura: 0 minuti
Porzioni: 4

Ingredienti:
- 1 cucchiaio di olio d'oliva
- 1 cucchiaio di succo di limone
- 1 cucchiaio di pasta di semi di sesamo
- 2 cucchiai di erba cipollina tritata
- 2 cipollotti, tritati
- 2 tazze di ceci in scatola, senza sale aggiunto, scolati e sciacquati

Indicazioni:
1. Nel tuo frullatore, unisci i ceci con l'olio e gli altri ingredienti tranne l'erba cipollina, sbatti bene, dividi in ciotole, cospargi l'erba cipollina e servi.

Nutrizione: calorie 280, grassi 13,3, fibre 5,5, carboidrati 14,8, proteine 6,2

Olive Dip

Tempo di preparazione: 4 minuti
Tempo di cottura: 0 minuti
Porzioni: 4

Ingredienti:
- 2 tazze di olive nere, snocciolate e tritate
- 1 tazza di menta, tritata
- 2 cucchiai di olio di avocado
- ½ tazza di crema al cocco
- ¼ di tazza di succo di lime
- Un pizzico di pepe nero

Indicazioni:
1. Nel tuo frullatore, unisci le olive con la menta e gli altri ingredienti, frulla bene, dividi in ciotole e servi.

Nutrizione: calorie 287, grassi 13,3, fibre 4,7, carboidrati 17,4, proteine 2,4

Cipolle Di Cocco Dip

Tempo di preparazione: 5 minuti
Tempo di cottura: 0 minuti
Porzioni: 4

Ingredienti:
- 4 cipollotti, tritati
- 1 scalogno, tritato
- 1 cucchiaio di succo di lime
- Un pizzico di pepe nero
- 2 once di mozzarella a basso contenuto di grassi, sminuzzata
- 1 tazza di crema al cocco
- 1 cucchiaio di prezzemolo tritato

Indicazioni:
1. In un frullatore, unire i cipollotti allo scalogno e agli altri ingredienti, frullare bene, dividere in ciotole e servire come salsa di festa.

Nutrizione: calorie 271, grassi 15,3, fibre 5, carboidrati 15,9, proteine 6,9

Pinoli e salsa di cocco

Tempo di preparazione: 5 minuti
Tempo di cottura: 0 minuti
Porzioni: 4

Ingredienti:
- 8 once di crema di cocco
- 1 cucchiaio di pinoli, tritati
- 2 cucchiai di prezzemolo tritato
- Un pizzico di pepe nero

Indicazioni:
1. In una ciotola unire la panna con i pinoli e il resto degli ingredienti, sbattere bene, dividere in ciotole e servire.

Nutrizione: calorie 281, grassi 13, fibre 4.8, carboidrati 16, proteine 3.56

Salsa di rucola e cetrioli

Tempo di preparazione: 5 minuti
Tempo di cottura: 0 minuti
Porzioni: 4

Ingredienti:
- 4 scalogni, tritati
- 2 pomodori a cubetti
- 4 cetrioli, tagliati a cubetti
- 1 cucchiaio di aceto balsamico
- 1 tazza di foglie di rucola baby
- 2 cucchiai di succo di limone
- 2 cucchiai di olio d'oliva
- Un pizzico di pepe nero

Indicazioni:
1. In una ciotola unire lo scalogno ai pomodori e agli altri ingredienti, mescolare, dividere in ciotoline e servire come spuntino.

Nutrizione: calorie 139, grassi 3.8, fibre 4.5, carboidrati 14, proteine 5.4

Salsa al formaggio

Tempo di preparazione: 5 minuti
Tempo di cottura: 0 minuti
Porzioni: 6

Ingredienti:
- 1 cucchiaio di menta, tritata
- 1 cucchiaio di origano, tritato
- 10 once di crema di formaggio senza grassi
- ½ tazza di zenzero, a fette
- 2 cucchiai di cocco aminos

Indicazioni:
1. Nel tuo frullatore, unisci la crema di formaggio con lo zenzero e gli altri ingredienti, frulla bene, dividi in coppette e servi.

Nutrizione: calorie 388, grassi 15,4, fibre 6, carboidrati 14,3, proteine 6

Salsa allo yogurt alla paprika

Tempo di preparazione: 5 minuti
Tempo di cottura: 0 minuti
Porzioni: 4

Ingredienti:
- 3 tazze di yogurt magro
- 2 cipollotti, tritati
- 1 cucchiaino di paprika dolce
- ¼ di tazza di mandorle tritate
- ¼ di tazza di aneto, tritato

Indicazioni:
1. In una ciotola unire lo yogurt con le cipolle e gli altri ingredienti, frullare, dividere in ciotole e servire.

Nutrizione: calorie 181, grassi 12,2, fibre 6, carboidrati 14,1, proteine 7

Salsa di cavolfiore

Tempo di preparazione: 5 minuti
Tempo di cottura: 0 minuti
Porzioni: 4

Ingredienti:
- 1 libbra di cimette di cavolfiore, sbollentate
- 1 tazza di olive kalamata, snocciolate e tagliate a metà
- 1 tazza di pomodorini, tagliati a metà
- 1 cucchiaio di olio d'oliva
- 1 cucchiaio di succo di lime
- Un pizzico di pepe nero

Indicazioni:
1. In una ciotola unire il cavolfiore alle olive e agli altri ingredienti, mescolare e servire.

Nutrizione: calorie 139, grassi 4, fibre 3,6, carboidrati 5,5, proteine 3,4

Crema Di Gamberetti

Tempo di preparazione: 5 minuti
Tempo di cottura: 0 minuti
Porzioni: 4

Ingredienti:
- 8 once di crema di cocco
- 1 libbra di gamberetti, cotti, pelati, puliti e tritati
- 2 cucchiai di aneto, tritato
- 2 cipollotti, tritati
- 1 cucchiaio di coriandolo tritato
- Un pizzico di pepe nero

Indicazioni:
1. In una ciotola unire i gamberi con la panna e gli altri ingredienti, frullare e servire come crema spalmabile.

Nutrizione: calorie 362, grassi 14,3, fibre 6, carboidrati 14,6, proteine 5,9

Salsa alla pesca

Tempo di preparazione: 4 minuti
Tempo di cottura: 0 minuti
Porzioni: 4

Ingredienti:
- 4 pesche, private del nocciolo e tagliate a cubetti
- 1 tazza di olive kalamata, snocciolate e tagliate a metà
- 1 avocado, snocciolato, sbucciato e tagliato a cubetti
- 1 tazza di pomodorini, tagliati a metà
- 1 cucchiaio di olio d'oliva
- 1 cucchiaio di succo di lime
- 1 cucchiaio di coriandolo tritato

Indicazioni:
1. In una ciotola unire le pesche con le olive e gli altri ingredienti, mescolare bene e servire freddo.

Nutrizione: calorie 200, grassi 7,5, fibre 5, carboidrati 13,3, proteine 4,9

Chips di carote

Tempo di preparazione: 10 minuti
Tempo di cottura: 20 minuti
Porzioni: 4

Ingredienti:
- 4 carote, tagliate a fettine sottili
- 2 cucchiai di olio d'oliva
- Un pizzico di pepe nero
- 1 cucchiaino di paprika dolce
- ½ cucchiaino di curcuma in polvere
- Un pizzico di peperoncino a scaglie

Indicazioni:
1. In una ciotola unire le scaglie di carota con l'olio e gli altri ingredienti e mescolare.
2. Distribuire le patatine su una teglia foderata, infornare a 400 ° F per 25 minuti, dividere in ciotole e servire come spuntino.

Nutrizione: calorie 180, grassi 3, fibre 3.3, carboidrati 5.8, proteine 1.3

Bocconcini Di Asparagi

Tempo di preparazione: 4 minuti
Tempo di cottura: 20 minuti
Porzioni: 4

Ingredienti:
- 2 cucchiai di olio di cocco, sciolto
- 1 libbra di asparagi, tagliati e tagliati a metà
- 1 cucchiaino di aglio in polvere
- 1 cucchiaino di rosmarino essiccato
- 1 cucchiaino di peperoncino in polvere

Indicazioni:
1. In una ciotola, mescolare gli asparagi con l'olio e gli altri ingredienti, mescolare, spalmare su una teglia foderata e infornare a 400 gradi per 20 minuti.
2. Dividete in ciotole e servite fredde come spuntino.

Nutrizione: calorie 170, grassi 4,3, fibre 4, carboidrati 7, proteine 4,5

Ciotole Di Fichi Al Forno

Tempo di preparazione: 4 minuti
Tempo di cottura: 12 minuti
Porzioni: 4

Ingredienti:
- 8 fichi, tagliati a metà
- 1 cucchiaio di olio di avocado
- 1 cucchiaino di noce moscata, macinata

Indicazioni:
1. In una teglia unire i fichi con l'olio e la noce moscata, mescolare e infornare a 400 gradi per 12 minuti.
2. Dividete i fichi in ciotoline e servite come spuntino.

Nutrizione: calorie 180, grassi 4.3, fibra 2, carboidrati 2, proteine 3.2

Salsa di cavolo e gamberetti

Tempo di preparazione: 5 minuti
Tempo di cottura: 6 minuti
Porzioni: 4

Ingredienti:
- 2 tazze di cavolo rosso, sminuzzato
- 1 libbra di gamberetti, pelati e puliti
- 1 cucchiaio di olio d'oliva
- Un pizzico di pepe nero
- 2 cipollotti, tritati
- 1 tazza di pomodori, tagliati a cubetti
- ½ cucchiaino di aglio in polvere

Indicazioni:
1. Riscaldare una padella con l'olio a fuoco medio, aggiungere i gamberi, mescolare e cuocere per 3 minuti per lato.
2. In una ciotola unire la verza con i gamberi e gli altri ingredienti, mescolare, dividere in piccole ciotole e servire.

Nutrizione: calorie 225, grassi 9,7, fibre 5,1, carboidrati 11,4, proteine 4,5

Spicchi di Avocado

Tempo di preparazione: 5 minuti
Tempo di cottura: 10 minuti
Porzioni: 4

Ingredienti:
- 2 avocado, sbucciati, snocciolati e tagliati a spicchi
- 1 cucchiaio di olio di avocado
- 1 cucchiaio di succo di lime
- 1 cucchiaino di coriandolo, macinato

Indicazioni:
1. Distribuire gli spicchi di avocado su una teglia foderata, aggiungere l'olio e gli altri ingredienti, mescolare e infornare a 300 gradi per 10 minuti.
2. Divideteli in coppette e servite come spuntino.

Nutrizione: calorie 212, grassi 20,1, fibre 6,9, carboidrati 9,8, proteine 2

Salsa al limone

Tempo di preparazione: 4 minuti
Tempo di cottura: 0 minuti
Porzioni: 4

Ingredienti:
- 1 tazza di crema di formaggio magro
- Pepe nero al gusto
- ½ tazza di succo di limone
- 1 cucchiaio di coriandolo tritato
- 3 spicchi d'aglio, tritati

Indicazioni:
1. Nel tuo robot da cucina, mescola la crema di formaggio con il succo di limone e gli altri ingredienti, frulla bene, dividi in ciotole e servi.

Nutrizione: calorie 213, grassi 20,5, fibre 0,2, carboidrati 2,8, proteine 4,8

Salsa di patate dolci

Tempo di preparazione: 10 minuti
Tempo di cottura: 40 minuti
Porzioni: 4

Ingredienti:
- 1 tazza di patate dolci, sbucciate e tagliate a cubetti
- 1 cucchiaio di brodo vegetale a basso contenuto di sodio
- Spray da cucina
- 2 cucchiai di crema di cocco
- 2 cucchiaini di rosmarino essiccato
- Pepe nero al gusto

Indicazioni:
1. In una teglia unire le patate con il brodo e gli altri ingredienti, mescolare, infornare a 365 gradi per 40 minuti, trasferire nel frullatore, sbattere bene, dividere in ciotoline e servire

Nutrizione: calorie 65, grassi 2,1, fibre 2, carboidrati 11,3, proteine 0,8

Salsa Di Fagioli

Tempo di preparazione: 5 minuti
Tempo di cottura: 0 minuti
Porzioni: 4

Ingredienti:
- 1 tazza di fagioli neri in scatola, senza sale aggiunto, scolati
- 1 tazza di fagioli rossi in scatola, senza sale aggiunto, scolati
- 1 cucchiaino di aceto balsamico
- 1 tazza di pomodorini, a cubetti
- 1 cucchiaio di olio d'oliva
- 2 scalogni, tritati

Indicazioni:
1. In una ciotola, unire i fagioli con l'aceto e gli altri ingredienti, mescolare e servire come spuntino di festa.

Nutrizione: calorie 362, grassi 4.8, fibre 14.9, carboidrati 61, proteine 21.4

Salsa Di Fagiolini

Tempo di preparazione: 10 minuti
Tempo di cottura: 10 minuti
Porzioni: 4

Ingredienti:
- 1 libbra di fagiolini, tagliati e tagliati a metà
- 1 cucchiaio di olio d'oliva
- 2 cucchiaini di capperi, scolati
- 6 once di olive verdi, snocciolate e affettate
- 4 spicchi d'aglio, tritati
- 1 cucchiaio di succo di lime
- 1 cucchiaio di origano, tritato
- Pepe nero al gusto

Indicazioni:
1. Riscaldare una padella con l'olio a fuoco medio-alto, aggiungere l'aglio ei fagiolini, mescolare e cuocere per 3 minuti.
2. Aggiungere il resto degli ingredienti, mescolare, cuocere per altri 7 minuti, dividere in coppette e servire freddo.

Nutrizione: calorie 111, grassi 6.7, fibre 5.6, carboidrati 13.2, proteine 2.9

Crema di carote

Tempo di preparazione: 10 minuti
Tempo di cottura: 30 minuti
Porzioni: 4

Ingredienti:
- 1 libbra di carote, sbucciate e tritate
- ½ tazza di noci tritate
- 2 tazze di brodo vegetale a basso contenuto di sodio
- 1 tazza di crema al cocco
- 1 cucchiaio di rosmarino tritato
- 1 cucchiaino di aglio in polvere
- ¼ di cucchiaino di paprika affumicata

Indicazioni:
1. In un pentolino mescolate le carote con il brodo, le noci e gli altri ingredienti tranne la panna e il rosmarino, mescolate, portate a ebollizione a fuoco medio, fate cuocere per 30 minuti, scolate e trasferite in un frullatore.
2. Aggiungere la panna, frullare bene il composto, dividere in ciotole, cospargere di rosmarino e servire.

Nutrizione: calorie 201, grassi 8,7, fibre 3,4, carboidrati 7,8, proteine 7,7

Salsa Di Pomodoro

Tempo di preparazione: 10 minuti
Tempo di cottura: 10 minuti
Porzioni: 4

Ingredienti:
- 1 libbra di pomodori, pelati e tritati
- ½ tazza di aglio, tritato
- 2 cucchiai di olio d'oliva
- Un pizzico di pepe nero
- 2 scalogni, tritati
- 1 cucchiaino di timo, essiccato

Indicazioni:
1. Scaldare una padella con l'olio a fuoco medio-alto, aggiungere l'aglio e lo scalogno, mescolare e far rosolare per 2 minuti.
2. Aggiungere i pomodori e gli altri ingredienti, cuocere per altri 8 minuti e trasferire in un frullatore.
3. Mescolate bene, dividete in coppette e servite come spuntino.

Nutrizione: calorie 232, grassi 11,3, fibre 3,9, carboidrati 7,9, proteine 4,5

Ciotole Di Salmone

Tempo di preparazione: 10 minuti
Tempo di cottura: 0 minuti
Porzioni: 6

Ingredienti:
- 1 cucchiaio di olio di avocado
- 1 cucchiaio di aceto balsamico
- ½ cucchiaino di origano essiccato
- 1 tazza di salmone affumicato, senza sale aggiunto, disossato, senza pelle e tagliato a cubetti
- 1 tazza di salsa
- 4 tazze di spinaci baby

Indicazioni:
1. In una ciotola unire il salmone con la salsa e gli altri ingredienti, mescolare, dividere in coppette e servire.

Nutrizione: calorie 281, grassi 14,4, fibre 7,4, carboidrati 18,7, proteine 7,4

Pomodoro e Salsa Di Mais

Tempo di preparazione: 4 minuti
Tempo di cottura: 0 minuti
Porzioni: 4

Ingredienti:
- 3 tazze di mais
- 2 tazze di pomodori a cubetti
- 2 cipolle verdi, tritate
- 2 cucchiai di olio d'oliva
- 1 peperoncino rosso, tritato
- ½ cucchiaio di erba cipollina tritata

Indicazioni:
1. In un'insalatiera unire i pomodori con il mais e gli altri ingredienti, mescolare e servire freddo come spuntino.

Nutrizione: calorie 178, grassi 8,6, fibre 4,5, carboidrati 25,9, proteine 4,7

Funghi Al Forno

Tempo di preparazione: 10 minuti
Tempo di cottura: 25 minuti
Porzioni: 4

Ingredienti:
- Cappucci a fungo piccoli da 1 libbra
- 2 cucchiai di olio d'oliva
- 1 cucchiaio di erba cipollina tritata
- 1 cucchiaio di rosmarino tritato
- Pepe nero al gusto

Indicazioni:
1. Mettere i funghi in una teglia da forno, aggiungere l'olio e il resto degli ingredienti, mescolare, infornare a 400 ° C per 25 minuti, dividere in ciotole e servire come spuntino.

Nutrizione: calorie 215, grassi 12,3, fibre 6,7, carboidrati 15,3, proteine 3,5

Fagioli Spalmabili

Tempo di preparazione: 5 minuti
Tempo di cottura: 0 minuti
Porzioni: 4

Ingredienti:
- ½ tazza di crema al cocco
- 1 cucchiaio di olio d'oliva
- 2 tazze di fagioli neri in scatola, senza sale aggiunto, scolati e sciacquati
- 2 cucchiai di cipolle verdi, tritate

Indicazioni:
1. In un frullatore unire i fagioli con la panna e gli altri ingredienti, sbattere bene, dividere in ciotole e servire.

Nutrizione: calorie 311, grassi 13,5, fibre 6, carboidrati 18,0, proteine 8

Salsa di finocchi al coriandolo

Tempo di preparazione: 5 minuti
Tempo di cottura: 0 minuti
Porzioni: 4

Ingredienti:
- 2 cipollotti tritati
- 2 finocchi, sminuzzati
- 1 peperoncino verde, tritato
- 1 pomodoro, tritato
- 1 cucchiaino di curcuma in polvere
- 1 cucchiaino di succo di lime
- 2 cucchiai di coriandolo tritato
- Pepe nero al gusto

Indicazioni:
1. In un'insalatiera mescolare il finocchio con le cipolle e gli altri ingredienti, mescolare, dividere in coppette e servire.

Nutrizione: calorie 310, grassi 11,5, fibre 5.1, carboidrati 22,3, proteine 6.5

Bocconcini di cavoletti di Bruxelles

Tempo di preparazione: 10 minuti
Tempo di cottura: 25 minuti
Porzioni: 4

Ingredienti:

- 1 libbra di cavoletti di Bruxelles, mondati e tagliati a metà
- 2 cucchiai di olio d'oliva
- 1 cucchiaio di cumino, macinato
- 1 tazza di aneto, tritato
- 2 spicchi d'aglio, tritati

Indicazioni:

1. In una teglia, unire i cavoletti di Bruxelles con l'olio e gli altri ingredienti, mescolare e infornare a 390 gradi per 25 minuti.
2. Dividi i germogli in ciotole e servi come spuntino.

Nutrizione: calorie 270, grassi 10,3, fibre 5,2, carboidrati 11,1, proteine 6

Bocconcini di noci balsamiche

Tempo di preparazione: 10 minuti
Tempo di cottura: 15 minuti
Porzioni: 4

Ingredienti:
- 2 tazze di noci
- 3 cucchiai di aceto rosso
- Un filo d'olio d'oliva
- Un pizzico di pepe di Caienna
- Un pizzico di peperoncino a scaglie
- Pepe nero al gusto

Indicazioni:
1. Distribuire le noci su una teglia foderata, aggiungere l'aceto e gli altri ingredienti, mescolare e cuocere a 400 gradi per 15 minuti.
2. Dividete le noci in ciotole e servite.

Nutrizione: calorie 280, grassi 12,2, fibra 2, carboidrati 15,8, proteine 6

Chips di rapanello

Tempo di preparazione: 10 minuti
Tempo di cottura: 20 minuti
Porzioni: 4

Ingredienti:
- 1 libbra di ravanelli, tagliati a fettine sottili
- Un pizzico di curcuma in polvere
- Pepe nero al gusto
- 2 cucchiai di olio d'oliva

Indicazioni:
1. Distribuire le chips di ravanello su una teglia foderata, aggiungere l'olio e gli altri ingredienti, mescolare e infornare a 400 gradi per 20 minuti.
2. Dividete le patatine in ciotole e servite.

Nutrizione: calorie 120, grassi 8,3, fibra 1, carboidrati 3,8, proteine 6

Insalata di porri e gamberetti

Tempo di preparazione: 4 minuti
Tempo di cottura: 0 minuti
Porzioni: 4

Ingredienti:
- 2 porri, affettati
- 1 tazza di coriandolo, tritato
- 1 libbra di gamberetti, pelati, puliti e cotti
- Succo di 1 lime
- 1 cucchiaio di scorza di lime, grattugiata
- 1 tazza di pomodorini, tagliati a metà
- 2 cucchiai di olio d'oliva
- Sale e pepe nero qb

Indicazioni:
1. In un'insalatiera mescolare i gamberi con i porri e gli altri ingredienti, mescolare, dividere in coppette e servire.

Nutrizione: calorie 280, grassi 9.1, fibre 5.2, carboidrati 12.6, proteine 5

Salsa di porri

Tempo di preparazione: 5 minuti
Tempo di cottura: 0 minuti
Porzioni: 4

Ingredienti:
- 1 cucchiaio di succo di limone
- ½ tazza di crema di formaggio magro
- 2 cucchiai di olio d'oliva
- Pepe nero al gusto
- 4 porri, tritati
- 1 cucchiaio di coriandolo tritato

Indicazioni:
1. In un frullatore, unire la crema di formaggio con i porri e gli altri ingredienti, frullare bene, dividere in ciotole e servire come salsa di festa.

Nutrizione: calorie 300, grassi 12,2, fibre 7,6, carboidrati 14,7, proteine 5,6

Slaw di peperoni

Tempo di preparazione: 5 minuti
Tempo di cottura: 0 minuti
Porzioni: 4

Ingredienti:
- ½ libbra di peperone rosso, tagliato a strisce sottili
- 3 cipolle verdi, tritate
- 1 cucchiaio di olio d'oliva
- 2 cucchiaini di zenzero grattugiato
- ½ cucchiaino di rosmarino essiccato
- 3 cucchiai di aceto balsamico

Indicazioni:
1. In un'insalatiera mescolare i peperoni con le cipolle e gli altri ingredienti, mescolare, dividere in coppette e servire.

Nutrizione: calorie 160, grassi 6, fibre 3, carboidrati 10,9, proteine 5,2

Crema di avocado

Tempo di preparazione: 4 minuti
Tempo di cottura: 0 minuti
Porzioni: 4

Ingredienti:
- 2 cucchiai di aneto, tritato
- 1 scalogno, tritato
- 2 spicchi d'aglio, tritati
- 2 avocado, sbucciati, snocciolati e tritati
- 1 tazza di crema al cocco
- 2 cucchiai di olio d'oliva
- 2 cucchiai di succo di lime
- Pepe nero al gusto

Indicazioni:
1. In un frullatore, unire gli avocado con lo scalogno, l'aglio e gli altri ingredienti, frullare bene, dividere in piccole ciotole e servire come spuntino.

Nutrizione: calorie 300, grassi 22,3, fibre 6,4, carboidrati 42, proteine 8,9

Salsa di mais

Tempo di preparazione: 30 minuti
Tempo di cottura: 0 minuti
Porzioni: 4

Ingredienti:
- Un pizzico di pepe di Caienna
- Un pizzico di pepe nero
- 2 tazze di mais
- 1 tazza di crema al cocco
- 2 cucchiai di succo di limone
- 2 cucchiai di olio di avocado

Indicazioni:
1. In un frullatore, unire il mais con la panna e gli altri ingredienti, frullare bene, dividere in ciotole e servire come salsa di festa.

Nutrizione: calorie 215, grassi 16,2, fibre 3,8, carboidrati 18,4, proteine 4

Barrette di fagioli

Tempo di preparazione: 2 ore
Tempo di cottura: 0 minuti
Porzioni: 12

Ingredienti:
- 1 tazza di fagioli neri in scatola, senza sale aggiunto, scolati
- 1 tazza di fiocchi di cocco, non zuccherati
- 1 tazza di burro magro
- ½ tazza di semi di chia
- ½ tazza di crema al cocco

Indicazioni:
1. In un frullatore unire i fagioli con i fiocchi di cocco e gli altri ingredienti, sbattere bene, stenderli in una padella quadrata, premere, tenere in frigo per 2 ore, affettare a barrette medie e servire.

Nutrizione: calorie 141, grassi 7, fibre 5, carboidrati 16,2, proteine 5

Mix di semi di zucca e patatine di mela

Tempo di preparazione: 10 minuti
Tempo di cottura: 2 ore
Porzioni: 4

Ingredienti:
- Spray da cucina
- 2 cucchiaini di noce moscata, macinata
- 1 tazza di semi di zucca
- 2 mele, private del torsolo e tagliate a fettine sottili

Indicazioni:
1. Disporre i semi di zucca e le scaglie di mela su una teglia foderata, cospargere dappertutto la noce moscata, ungerli con lo spray, introdurre in forno e infornare a 300 gradi per 2 ore.
2. Dividi in ciotole e servi come spuntino.

Nutrizione: calorie 80, grassi 0, fibre 3, carboidrati 7, proteine 4

Pomodori e salsa allo yogurt

Tempo di preparazione: 5 minuti
Tempo di cottura: 0 minuti
Porzioni: 4

Ingredienti:
- 2 tazze di yogurt greco senza grassi
- 1 cucchiaio di prezzemolo tritato
- ¼ di tazza di pomodori in scatola, senza sale aggiunto, tritati
- 2 cucchiai di erba cipollina tritata
- Pepe nero al gusto

Indicazioni:
1. In una ciotola mescolate lo yogurt con il prezzemolo e gli altri ingredienti, sbattete bene, dividete in ciotoline e servite come salsa di festa.

Nutrizione: calorie 78, grassi 0, fibre 0,2, carboidrati 10,6, proteine 8.2

Ciotole di barbabietola di Caienna

Tempo di preparazione: 10 minuti
Tempo di cottura: 35 minuti
Porzioni: 2

Ingredienti:
- 1 cucchiaino di pepe di Caienna
- 2 barbabietole, sbucciate e tagliate a cubetti
- 1 cucchiaino di rosmarino essiccato
- 1 cucchiaio di olio d'oliva
- 2 cucchiaini di succo di lime

Indicazioni:
1. In una teglia unire i bocconcini di barbabietola con il pepe di Caienna e gli altri ingredienti, mescolare, introdurre in forno, cuocere a 355 gradi per 35 minuti, dividere in piccole ciotole e servire come spuntino.

Nutrizione: calorie 170, grassi 12,2, fibre 7, carboidrati 15,1, proteine 6

Ciotole di noci e noci pecan

Tempo di preparazione: 10 minuti
Tempo di cottura: 10 minuti
Porzioni: 4

Ingredienti:
- 2 tazze di noci
- 1 tazza di noci pecan, tritate
- 1 cucchiaino di olio di avocado
- ½ cucchiaino di paprika dolce

Indicazioni:
1. Distribuire l'uva e le noci pecan su una teglia foderata, aggiungere l'olio e la paprika, mescolare e infornare a 400 gradi per 10 minuti.
2. Dividi in ciotole e servi come spuntino.

Nutrizione: calorie 220, grassi 12,4, fibre 3, carboidrati 12,9, proteine 5,6

Muffin Di Salmone Al Prezzemolo

Tempo di preparazione: 10 minuti
Tempo di cottura: 25 minuti
Porzioni: 4

Ingredienti:
- 1 tazza di mozzarella a basso contenuto di grassi, sminuzzata
- 8 once di salmone affumicato, senza pelle, disossato e tritato
- 1 tazza di farina di mandorle
- 1 uovo, sbattuto
- 1 cucchiaino di prezzemolo essiccato
- 1 spicchio d'aglio, tritato
- Pepe nero al gusto
- Spray da cucina

Indicazioni:
1. In una ciotola unire il salmone con la mozzarella e gli altri ingredienti tranne lo spray da cucina e mescolare bene.
2. Dividere questo composto in una teglia per muffin unta con lo spray da cucina, cuocere in forno a 375 gradi per 25 minuti e servire come spuntino.

Nutrizione: calorie 273, grassi 17, fibre 3,5, carboidrati 6,9, proteine 21,8

Ciotole Di Cipolla Perla Di Formaggio

Tempo di preparazione: 10 minuti
Tempo di cottura: 30 minuti
Porzioni: 8

Ingredienti:
- 20 cipolle bianche perla, sbucciate
- 3 cucchiai di prezzemolo tritato
- 1 cucchiaio di erba cipollina tritata
- Pepe nero al gusto
- 1 tazza di mozzarella a basso contenuto di grassi, grattugiata
- 1 cucchiaio di olio d'oliva

Indicazioni:
1. Stendere le cipolline su una teglia foderata, aggiungere l'olio, il prezzemolo, l'erba cipollina e il pepe nero e mescolare.
2. Cospargere la mozzarella sopra, infornare a 390 gradi per 30 minuti, dividere in ciotole e servire fredda come spuntino.

Nutrizione: calorie 136, grassi 2,7, fibre 6, carboidrati 25,9, proteine 4,1

Barrette di broccoli

Tempo di preparazione: 10 minuti
Tempo di cottura: 25 minuti
Porzioni: 8

Ingredienti:
- 1 libbra di fiori di broccoli, tritati
- ½ tazza di mozzarella a basso contenuto di grassi, sminuzzata
- 2 uova sbattute
- 1 cucchiaino di origano essiccato
- 1 cucchiaino di basilico, essiccato
- Pepe nero al gusto

Indicazioni:
1. In una ciotola mescolate i broccoli con il formaggio e gli altri ingredienti, mescolate bene, stendete in una teglia rettangolare e premete bene sul fondo.
2. Introdurre in forno a 380 ° C, infornare per 25 minuti, tagliare a barrette e servire freddo.

Nutrizione: calorie 46, grassi 1.3, fibre 1.8, carboidrati 4.2, proteine 5

Salsa di ananas e pomodoro

Tempo di preparazione: 10 minuti
Tempo di cottura: 40 minuti
Porzioni: 4

Ingredienti:
- 20 once di ananas in scatola, scolate e tagliate a cubetti
- 1 tazza di pomodori secchi, tagliati a cubetti
- 1 cucchiaio di basilico tritato
- 1 cucchiaio di olio di avocado
- 1 cucchiaino di succo di lime
- 1 tazza di olive nere, snocciolate e affettate
- Pepe nero al gusto

Indicazioni:
1. In una ciotola unire i cubetti di ananas con i pomodori e gli altri ingredienti, mescolare, dividere in coppette più piccole e servire come spuntino.

Nutrizione: calorie 125, grassi 4,3, fibre 3,8, carboidrati 23,6, proteine 1,5

Mix di Tacchino e Carciofi

Tempo di preparazione: 5 minuti
Tempo di cottura: 25 minuti
Porzioni: 4

Ingredienti:
- 2 cucchiai di olio d'oliva
- 1 petto di tacchino, senza pelle, disossato e affettato
- Un pizzico di pepe nero
- 1 cucchiaio di basilico tritato
- 3 spicchi d'aglio, tritati
- 14 once di carciofi in scatola, senza sale aggiunto, tritati
- 1 tazza di crema al cocco
- ¾ tazza di mozzarella a basso contenuto di grassi, sminuzzata

Indicazioni:
1. Scaldare una padella con l'olio a fuoco medio-alto, aggiungere la carne, l'aglio e il pepe nero, mescolare e cuocere per 5 minuti.
2. Aggiungere il resto degli ingredienti tranne il formaggio, mescolare e cuocere a fuoco medio per 15 minuti.
3. Cospargere il formaggio, cuocere il tutto ancora per 5 minuti, dividere tra i piatti e servire.

Nutrizione: calorie 300, grassi 22,2, fibre 7,2, carboidrati 16,5, proteine 13,6

Origano Turchia Mix

Tempo di preparazione: 10 minuti
Tempo di cottura: 30 minuti
Porzioni: 4

Ingredienti:
- 2 cucchiai di olio di avocado
- 1 cipolla rossa, tritata
- 2 spicchi d'aglio, tritati
- Un pizzico di pepe nero
- 1 cucchiaio di origano, tritato
- 1 petto di tacchino grande, senza pelle, disossato e tagliato a cubetti
- 1 tazza e ½ di brodo di manzo a basso contenuto di sodio
- 1 cucchiaio di erba cipollina tritata

Indicazioni:
1. Scaldare una padella con l'olio a fuoco medio, aggiungere la cipolla, mescolare e far rosolare per 3 minuti.
2. Aggiungere l'aglio e la carne, mescolare e cuocere per altri 3 minuti.
3. Aggiungere il resto degli ingredienti, mescolare, cuocere a fuoco medio per 25 minuti, dividere tra i piatti e servire.

Nutrizione: calorie 76, grassi 2.1, fibre 1.7, carboidrati 6.4, proteine 8.3

Pollo all'arancia

Tempo di preparazione: 10 minuti
Tempo di cottura: 35 minuti
Porzioni: 4

Ingredienti:
- 1 cucchiaio di olio di avocado
- 1 libbra di petto di pollo, senza pelle, disossato e tagliato a metà
- 2 spicchi d'aglio, tritati
- 2 scalogni, tritati
- ½ tazza di succo d'arancia
- 1 cucchiaio di scorza d'arancia grattugiata
- 3 cucchiai di aceto balsamico
- 1 cucchiaino di rosmarino tritato

Indicazioni:
1. Riscaldare una padella con l'olio a fuoco medio-alto, aggiungere lo scalogno e l'aglio, mescolare e far rosolare per 2 minuti.
2. Aggiungere la carne, mescolare delicatamente e cuocere per altri 3 minuti.
3. Aggiungere il resto degli ingredienti, mescolare, introdurre la teglia in forno e infornare a 340 ° C per 30 minuti.
4. Dividete tra i piatti e servite.

Nutrizione: calorie 159, grassi 3,4, fibre 0,5, carboidrati 5,4, proteine 24,6

Aglio Tacchino e Funghi

Tempo di preparazione: 10 minuti
Tempo di cottura: 40 minuti
Porzioni: 4

Ingredienti:
- 1 petto di tacchino disossato, senza pelle e tagliato a cubetti
- ½ libbra di funghi bianchi, tagliati a metà
- 1/3 di tazza di aminoacidi al cocco
- 2 spicchi d'aglio, tritati
- 2 cucchiai di olio d'oliva
- Un pizzico di pepe nero
- 2 cipolle verdi, tritate
- 3 cucchiai di salsa all'aglio
- 1 cucchiaio di rosmarino tritato

Indicazioni:
1. Riscaldare una padella con l'olio a fuoco medio, aggiungere le cipolle verdi, la salsa all'aglio e l'aglio e far rosolare per 5 minuti.
2. Aggiungere la carne e rosolarla per altri 5 minuti.
3. Aggiungere il resto degli ingredienti, introdurre in forno e infornare a 390 gradi per 30 minuti.
4. Dividete il composto tra i piatti e servite.

Nutrizione: calorie 154, grassi 8.1, fibre 1.5, carboidrati 11.5, proteine 9.8

Pollo e Olive

Tempo di preparazione: 10 minuti
Tempo di cottura: 25 minuti
Porzioni: 4

Ingredienti:
- Petti di pollo da 1 libbra, senza pelle, disossati e tagliati grossolanamente a cubetti
- Un pizzico di pepe nero
- 1 cucchiaio di olio di avocado
- 1 cipolla rossa, tritata
- 1 tazza di latte di cocco
- 1 cucchiaio di succo di limone
- 1 tazza di olive kalamata, snocciolate e affettate
- ¼ di tazza di coriandolo, tritato

Indicazioni:
1. Scaldare una padella con l'olio a fuoco medio-alto, aggiungere la cipolla e la carne e far rosolare per 5 minuti.
2. Aggiungere il resto degli ingredienti, mescolare, portare a ebollizione e cuocere a fuoco medio per altri 20 minuti.
3. Dividete tra i piatti e servite.

Nutrizione: calorie 409, grassi 26,8, fibre 3,2, carboidrati 8,3, proteine 34,9

Misto Balsamico di Tacchino e Pesche

Tempo di preparazione: 10 minuti
Tempo di cottura: 25 minuti
Porzioni: 4

Ingredienti:
- 1 cucchiaio di olio di avocado
- 1 petto di tacchino, senza pelle, disossato e affettato
- Un pizzico di pepe nero
- 1 cipolla gialla, tritata
- 4 pesche, private del nocciolo e tagliate a spicchi
- ¼ di tazza di aceto balsamico
- 2 cucchiai di erba cipollina tritata

Indicazioni:
1. Scaldare una padella con l'olio a fuoco medio-alto, aggiungere la carne e la cipolla, mescolare e far rosolare per 5 minuti.
2. Aggiungere il resto degli ingredienti tranne l'erba cipollina, mescolare delicatamente e infornare a 390 gradi per 20 minuti.
3. Dividete il tutto tra i piatti e servite con l'erba cipollina spolverata sopra.

Nutrizione: calorie 123, grassi 1,6, fibre 3,3, carboidrati 18,8, proteine 9,1

Pollo al cocco e spinaci

Tempo di preparazione: 10 minuti
Tempo di cottura: 25 minuti
Porzioni: 4

Ingredienti:
- 1 cucchiaio di olio di avocado
- 1 libbra di petto di pollo, senza pelle, disossato e tagliato a cubetti
- ½ cucchiaino di basilico essiccato
- Un pizzico di pepe nero
- ¼ di tazza di brodo vegetale a basso contenuto di sodio
- 2 tazze di spinaci baby
- 2 scalogni, tritati
- 2 spicchi d'aglio, tritati
- ½ cucchiaino di paprika dolce
- 2/3 di tazza di crema al cocco
- 2 cucchiai di coriandolo tritato

Indicazioni:
1. Scaldare una padella con l'olio a fuoco medio-alto, aggiungere la carne, il basilico, il pepe nero e far rosolare per 5 minuti.
2. Aggiungere lo scalogno e l'aglio e cuocere per altri 5 minuti.
3. Aggiungere il resto degli ingredienti, mescolare, portare a ebollizione e cuocere a fuoco medio per altri 15 minuti.
4. Dividete tra i piatti e servite ben caldo.

Nutrizione: calorie 237, grassi 12,9, fibre 1,6, carboidrati 4,7, proteine 25,8

Mix di pollo e asparagi

Tempo di preparazione: 10 minuti
Tempo di cottura: 25 minuti
Porzioni: 4

Ingredienti:
- 2 petti di pollo, senza pelle, disossati e tagliati a cubetti
- 2 cucchiai di olio di avocado
- 2 cipollotti, tritati
- 1 mazzetto di asparagi, mondati e tagliati a metà
- ½ cucchiaino di paprika dolce
- Un pizzico di pepe nero
- 14 once di pomodori in scatola, senza sale aggiunto, scolati e tritati

Indicazioni:
1. Scaldare una padella con l'olio a fuoco medio-alto, aggiungere la carne e i cipollotti, mescolare e cuocere per 5 minuti.
2. Aggiungere gli asparagi e gli altri ingredienti, mescolare, coprire la padella e cuocere a fuoco medio per 20 minuti.
3. Dividete tutto tra i piatti e servite.

Nutrizione: calorie 171, grassi 6.4, fibre 2,6, carboidrati 6.4, proteine 22.2

Tacchino e Broccoli Cremosi

Tempo di preparazione: 10 minuti
Tempo di cottura: 25 minuti
Porzioni: 4

Ingredienti:
- 1 cucchiaio di olio d'oliva
- 1 petto di tacchino grande, senza pelle, disossato e tagliato a cubetti
- 2 tazze di fiori di broccoli
- 2 scalogni, tritati
- 2 spicchi d'aglio, tritati
- 1 cucchiaio di basilico tritato
- 1 cucchiaio di coriandolo tritato
- ½ tazza di crema al cocco

Indicazioni:
1. Riscaldare una padella con l'olio a fuoco medio-alto, aggiungere la carne, lo scalogno e l'aglio, mescolare e far rosolare per 5 minuti.
2. Aggiungere i broccoli e gli altri ingredienti, mescolare il tutto, cuocere per 20 minuti a fuoco medio, dividere tra i piatti e servire.

Nutrizione: calorie 165, grassi 11,5, fibre 2,1, carboidrati 7,9, proteine 9,6

Mix di fagioli verdi con pollo e aneto

Tempo di preparazione: 10 minuti
Tempo di cottura: 25 minuti
Porzioni: 4

Ingredienti:
- 2 cucchiai di olio d'oliva
- 10 once di fagiolini, mondati e tagliati a metà
- 1 cipolla gialla, tritata
- 1 cucchiaio di aneto, tritato
- 2 petti di pollo, senza pelle, disossati e tagliati a metà
- 2 tazze di salsa di pomodoro, senza sale aggiunto
- ½ cucchiaino di peperoncino a scaglie, schiacciato

Indicazioni:
1. Scaldate una padella con l'olio a fuoco medio-alto, aggiungete la cipolla e la carne e fatela rosolare per 2 minuti per lato.
2. Aggiungere i fagiolini e gli altri ingredienti, mescolare, introdurre in forno e infornare a 380 gradi per 20 minuti.
3. Dividete tra i piatti e servite subito.

Nutrizione: calorie 391, grassi 17,8, fibre 5, carboidrati 14,8, proteine 43,9

Zucchine di pollo e peperoncino

Tempo di preparazione: 5 minuti
Tempo di cottura: 25 minuti
Porzioni: 4

Ingredienti:
- 1 libbra di petti di pollo, senza pelle, disossati e tagliati a cubetti
- 1 tazza di brodo di pollo a basso contenuto di sodio
- 2 zucchine, tagliate grossolanamente a cubetti
- 1 cucchiaio di olio d'oliva
- 1 tazza di pomodori in scatola, senza sale aggiunto, tritati
- 1 cipolla gialla, tritata
- 1 cucchiaino di peperoncino in polvere
- 1 cucchiaio di coriandolo tritato

Indicazioni:
1. Scaldare una padella con l'olio a fuoco medio-alto, aggiungere la carne e la cipolla, mescolare e far rosolare per 5 minuti.
2. Aggiungere le zucchine e il resto degli ingredienti, mescolare delicatamente, abbassare la fiamma a media e cuocere per 20 minuti.
3. Dividete tutto tra i piatti e servite.

Nutrizione: calorie 284, grassi 12,3, fibre 2,4, carboidrati 8, proteine 35

Mix di avocado e pollo

Tempo di preparazione: 10 minuti
Tempo di cottura: 20 minuti
Porzioni: 4

Ingredienti:
- 2 petti di pollo, senza pelle, disossati e tagliati a metà
- Succo di ½ limone
- 2 cucchiai di olio d'oliva
- 2 spicchi d'aglio, tritati
- ½ tazza di brodo vegetale a basso contenuto di sodio
- 1 avocado, sbucciato, snocciolato e tagliato a spicchi
- Un pizzico di pepe nero

Indicazioni:
1. Scaldare una padella con l'olio a fuoco medio, aggiungere l'aglio e la carne e far rosolare per 2 minuti per lato.
2. Aggiungere il succo di limone e gli altri ingredienti, portare a ebollizione e cuocere a fuoco medio per 15 minuti.
3. Dividete l'intero mix tra i piatti e servite.

Nutrizione: calorie 436, grassi 27,3, fibre 3,6, carboidrati 5,6, proteine 41,8

Turchia e Bok Choy

Tempo di preparazione: 10 minuti
Tempo di cottura: 20 minuti
Porzioni: 4

Ingredienti:
- 1 petto di tacchino, disossato, senza pelle e tagliato a cubetti
- 2 scalogni, tritati
- 1 libbra di bok choy, spezzettato
- 2 cucchiai di olio d'oliva
- ½ cucchiaino di zenzero grattugiato
- Un pizzico di pepe nero
- ½ tazza di brodo vegetale a basso contenuto di sodio

Indicazioni:
1. Riscaldare una pentola con l'olio a fuoco medio-alto, aggiungere lo scalogno e lo zenzero e rosolare per 2 minuti.
2. Aggiungere la carne e far rosolare per altri 5 minuti.
3. Aggiungere il resto degli ingredienti, mescolare, cuocere a fuoco lento per altri 13 minuti, dividere tra i piatti e servire.

Nutrizione: calorie 125, grassi 8, fibre 1.7, carboidrati 5.5, proteine 9.3

Pollo con Cipolla Rossa Mix

Tempo di preparazione: 10 minuti
Tempo di cottura: 25 minuti
Porzioni: 4

Ingredienti:
- 2 petti di pollo, senza pelle, disossati e tagliati grossolanamente a cubetti
- 3 cipolle rosse, affettate
- 2 cucchiai di olio d'oliva
- 1 tazza di brodo vegetale a basso contenuto di sodio
- Un pizzico di pepe nero
- 1 cucchiaio di coriandolo tritato
- 1 cucchiaio di erba cipollina tritata

Indicazioni:
1. Scaldare una padella con l'olio a fuoco medio, aggiungere le cipolle e un pizzico di pepe nero, e rosolare per 10 minuti mescolando spesso.
2. Aggiungere il pollo e cuocere per altri 3 minuti.
3. Aggiungere il resto degli ingredienti, portare a ebollizione e cuocere a fuoco medio per altri 12 minuti.
4. Dividete il composto di pollo e cipolle tra i piatti e servite.

Nutrizione: calorie 364, grassi 17,5, fibre 2,1, carboidrati 8,8, proteine 41,7

Tacchino caldo e riso

Tempo di preparazione: 10 minuti
Tempo di cottura: 42 minuti
Porzioni: 4

Ingredienti:
- 1 petto di tacchino, senza pelle, disossato e tagliato a cubetti
- 1 tazza di riso bianco
- 2 tazze di brodo vegetale a basso contenuto di sodio
- 1 cucchiaino di paprika piccante
- 2 peperoni serrano piccoli, tritati
- 2 spicchi d'aglio, tritati
- 2 cucchiai di olio d'oliva
- ½ peperone rosso tritato
- Un pizzico di pepe nero

Indicazioni:
1. Riscaldare una padella con l'olio a fuoco medio, aggiungere i peperoni serrano e l'aglio e far rosolare per 2 minuti.
2. Aggiungere la carne e rosolarla per 5 minuti.
3. Aggiungere il riso e gli altri ingredienti, portare a ebollizione e cuocere a fuoco medio per 35 minuti.
4. Mescolate, dividete tra i piatti e servite.

Nutrizione: calorie 271, grassi 7,7, fibre 1,7, carboidrati 42, proteine 7,8

Porro e pollo al limone

Tempo di preparazione: 10 minuti
Tempo di cottura: 40 minuti
Porzioni: 4

Ingredienti:
- 1 libbra di petto di pollo, senza pelle, disossato e tagliato a cubetti
- Un pizzico di pepe nero
- 2 cucchiai di olio di avocado
- 1 cucchiaio di salsa di pomodoro, senza sale aggiunto
- 1 tazza di brodo vegetale a basso contenuto di sodio
- 4 porri, tritati grossolanamente
- ½ tazza di succo di limone

Indicazioni:
1. Riscaldare una padella con l'olio a fuoco medio, aggiungere i porri, mescolare e far rosolare per 10 minuti.
2. Aggiungere il pollo e gli altri ingredienti, mescolare, cuocere a fuoco medio per altri 20 minuti, dividere tra i piatti e servire.

Nutrizione: calorie 199, grassi 13,3, fibre 5, carboidrati 7,6, proteine 17,4

Tacchino con Mix di Cavolo Verza

Tempo di preparazione: 10 minuti
Tempo di cottura: 35 minuti
Porzioni: 4

Ingredienti:
- 1 petto di tacchino grande, senza pelle, disossato e tagliato a cubetti
- 1 tazza di brodo di pollo a basso contenuto di sodio
- 1 cucchiaio di olio di cocco, sciolto
- 1 verza, sminuzzata
- 1 cucchiaino di peperoncino in polvere
- 1 cucchiaino di paprika dolce
- 1 spicchio d'aglio, tritato
- 1 cipolla gialla, tritata
- Un pizzico di sale e pepe nero

Indicazioni:
1. Riscaldare una padella con l'olio a fuoco medio, aggiungere la carne e far rosolare per 5 minuti.
2. Aggiungere l'aglio e la cipolla, mescolare e rosolare per altri 5 minuti.
3. Aggiungere la verza e gli altri ingredienti, mescolare, portare a ebollizione e cuocere a fuoco medio per 25 minuti.
4. Dividete tutto tra i piatti e servite.

Nutrizione: calorie 299, grassi 14,5, fibre 5, carboidrati 8,8, proteine 12,6

Pollo con scalogno alla paprika

Tempo di preparazione: 10 minuti
Tempo di cottura: 30 minuti
Porzioni: 4

Ingredienti:
- 1 libbra di petto di pollo, senza pelle, disossato e affettato
- 4 scalogni, tritati
- 1 cucchiaio di olio d'oliva
- 1 cucchiaio di paprika dolce
- 1 tazza di brodo di pollo a basso contenuto di sodio
- 1 cucchiaio di zenzero, grattugiato
- 1 cucchiaino di origano essiccato
- 1 cucchiaino di cumino, macinato
- 1 cucchiaino di pimento, macinato
- ½ tazza di coriandolo tritato
- Un pizzico di pepe nero

Indicazioni:
1. Riscaldare una padella con l'olio a fuoco medio, aggiungere lo scalogno e la carne e far rosolare per 5 minuti.
2. Aggiungere il resto degli ingredienti, mescolare, introdurre in forno e infornare a 390 gradi per 25 minuti.
3. Dividete il composto di pollo e scalogno tra i piatti e servite.

Nutrizione: calorie 295, grassi 12,5, fibre 6,9, carboidrati 22,4, proteine 15,6

Salsa Di Pollo E Senape

Tempo di preparazione: 10 minuti
Tempo di cottura: 35 minuti
Porzioni: 4

Ingredienti:
- Cosce di pollo da 1 libbra, disossate e senza pelle
- 1 cucchiaio di olio di avocado
- 2 cucchiai di senape
- 1 scalogno, tritato
- 1 tazza di brodo di pollo a basso contenuto di sodio
- Un pizzico di sale e pepe nero
- 3 spicchi d'aglio, tritati
- ½ cucchiaino di basilico essiccato

Indicazioni:
1. Riscaldare una padella con l'olio a fuoco medio, aggiungere lo scalogno, l'aglio e il pollo e far rosolare il tutto per 5 minuti.
2. Aggiungere la senape e il resto degli ingredienti, mescolare delicatamente, portare a ebollizione e cuocere a fuoco medio per 30 minuti.
3. Dividete il tutto tra i piatti e servite ben caldo.

Nutrizione: calorie 299, grassi 15,5, fibre 6,6, carboidrati 30,3, proteine 12,5

Mix di pollo e sedano

Tempo di preparazione: 10 minuti
Tempo di cottura: 35 minuti
Porzioni: 4

Ingredienti:
- Un pizzico di pepe nero
- 2 libbre di petto di pollo, senza pelle, disossato e tagliato a cubetti
- 2 cucchiai di olio d'oliva
- 1 tazza di sedano, tritato
- 3 spicchi d'aglio, tritati
- 1 peperone poblano, tritato
- 1 tazza di brodo vegetale a basso contenuto di sodio
- 1 cucchiaino di peperoncino in polvere
- 2 cucchiai di erba cipollina tritata

Indicazioni:
1. Scaldare una padella con l'olio a fuoco medio, aggiungere l'aglio, il sedano e il pepe poblano, mescolare e cuocere per 5 minuti.
2. Aggiungere la carne, mescolare e cuocere per altri 5 minuti.
3. Aggiungere il resto degli ingredienti tranne l'erba cipollina, portare a ebollizione e cuocere a fuoco medio per altri 25 minuti.
4. Dividete tutto il composto tra i piatti e servite con l'erba cipollina cosparsa.

Nutrizione: calorie 305, grassi 18, fibre 13,4, carboidrati 22,5, proteine 6

Tacchino al lime con patate novelle

Tempo di preparazione: 10 minuti
Tempo di cottura: 40 minuti
Porzioni: 4

Ingredienti:
- 1 petto di tacchino, senza pelle, disossato e affettato
- 2 cucchiai di olio d'oliva
- 1 libbra di patate novelle, sbucciate e tagliate a metà
- 1 cucchiaio di paprika dolce
- 1 cipolla gialla, tritata
- 1 cucchiaino di peperoncino in polvere
- 1 cucchiaino di rosmarino essiccato
- 2 tazze di brodo di pollo a basso contenuto di sodio
- Un pizzico di pepe nero
- La scorza di 1 lime, grattugiata
- 1 cucchiaio di succo di lime
- 1 cucchiaio di coriandolo tritato

Indicazioni:
1. Scaldare una padella con l'olio a fuoco medio, aggiungere la cipolla, il peperoncino in polvere e il rosmarino, mescolare e far rosolare per 5 minuti.
2. Aggiungere la carne e far rosolare per altri 5 minuti.
3. Aggiungere le patate e il resto degli ingredienti tranne il coriandolo, mescolare delicatamente, portare a ebollizione e cuocere a fuoco medio per 30 minuti.
4. Dividi il composto tra i piatti e servi con il coriandolo cosparso sopra.

Nutrizione: calorie 345, grassi 22,2, fibre 12,3, carboidrati 34,5, proteine 16,4

Pollo con senape

Tempo di preparazione: 10 minuti
Tempo di cottura: 25 minuti
Porzioni: 4

Ingredienti:

- 2 petti di pollo, senza pelle, disossati e tagliati a cubetti
- 3 tazze di senape
- 1 tazza di pomodori in scatola, senza sale aggiunto, tritati
- 1 cipolla rossa, tritata
- 2 cucchiai di olio di avocado
- 1 cucchiaino di origano essiccato
- 2 spicchi d'aglio, tritati
- 1 cucchiaio di erba cipollina tritata
- 1 cucchiaio di aceto balsamico
- Un pizzico di pepe nero

Indicazioni:

1. Scaldare una padella con l'olio a fuoco medio-alto, aggiungere la cipolla e l'aglio e far rosolare per 5 minuti.
2. Aggiungere la carne e rosolarla per altri 5 minuti.
3. Aggiungere le verdure, i pomodori e gli altri ingredienti, mescolare, cuocere per 20 minuti a fuoco medio, dividere tra i piatti e servire.

Nutrizione: calorie 290, grassi 12,3, fibre 6,7, carboidrati 22,30, proteine 14,3

Pollo e mele al forno

Tempo di preparazione: 10 minuti
Tempo di cottura: 50 minuti
Porzioni: 4

Ingredienti:
- 2 libbre di cosce di pollo, disossate e senza pelle
- 2 cucchiai di olio d'oliva
- 2 cipolle rosse, affettate
- Un pizzico di pepe nero
- 1 cucchiaino di timo, essiccato
- 1 cucchiaino di basilico, essiccato
- 1 tazza di mele verdi, private del torsolo e tagliate grossolanamente a cubetti
- 2 spicchi d'aglio, tritati
- 2 tazze di brodo di pollo a basso contenuto di sodio
- 1 cucchiaio di succo di limone
- 1 tazza di pomodori, tagliati a cubetti
- 1 cucchiaio di coriandolo tritato

Indicazioni:
1. Riscaldare una padella con l'olio a fuoco medio-alto, aggiungere le cipolle e l'aglio e rosolare per 5 minuti.
2. Aggiungere il pollo e rosolare per altri 5 minuti.
3. Aggiungere il timo, il basilico e gli altri ingredienti, mescolare delicatamente, introdurre in forno e infornare a 390 gradi per 40 minuti.
4. Dividete il composto di pollo e mele tra i piatti e servite.

Nutrizione: calorie 290, grassi 12,3, fibre 4, carboidrati 15,7, proteine 10

Pollo Chipotle

Tempo di preparazione: 10 minuti
Tempo di cottura: 1 ora
Porzioni: 6

Ingredienti:
- 2 libbre di cosce di pollo, disossate e senza pelle
- 1 cipolla gialla, tritata
- 2 cucchiai di olio d'oliva
- 3 spicchi d'aglio, tritati
- 1 cucchiaio di semi di coriandolo, macinati
- 1 cucchiaino di cumino, macinato
- 1 tazza di brodo di pollo a basso contenuto di sodio
- 4 cucchiai di pasta di peperoncino chipotle
- Un pizzico di pepe nero
- 1 cucchiaio di coriandolo tritato

Indicazioni:
1. Scaldare una padella con l'olio a fuoco medio, aggiungere la cipolla e l'aglio e far rosolare per 5 minuti.
2. Aggiungere la carne e far rosolare per altri 5 minuti.
3. Aggiungere il resto degli ingredienti, mescolare, introdurre il tutto in forno e infornare a 390 gradi per 50 minuti.
4. Dividete l'intero mix tra i piatti e servite.

Nutrizione: calorie 280, grassi 12,1, fibre 6,3, carboidrati 15,7, proteine 12

Tacchino alle erbe

Tempo di preparazione: 10 minuti
Tempo di cottura: 35 minuti
Porzioni: 4

Ingredienti:
- 1 petto di tacchino grande, disossato, senza pelle e affettato
- 1 cucchiaio di erba cipollina tritata
- 1 cucchiaio di origano, tritato
- 1 cucchiaio di basilico tritato
- 1 cucchiaio di coriandolo tritato
- 2 scalogni, tritati
- 2 cucchiai di olio d'oliva
- 1 tazza di brodo di pollo a basso contenuto di sodio
- 1 tazza di pomodori, tagliati a cubetti
- Sale e pepe nero qb

Indicazioni:
1. Riscaldare una padella con l'olio a fuoco medio, aggiungere lo scalogno e la carne e far rosolare per 5 minuti.
2. Aggiungere l'erba cipollina e gli altri ingredienti, mescolare, portare a ebollizione e cuocere a fuoco medio per 30 minuti.
3. Dividete il composto tra i piatti e servite.

Nutrizione: calorie 290, grassi 11,9, fibre 5,5, carboidrati 16,2, proteine 9

Salsa di pollo e zenzero

Tempo di preparazione: 10 minuti
Tempo di cottura: 35 minuti
Porzioni: 4

Ingredienti:
- 1 libbra di petto di pollo, senza pelle, disossato e tagliato a cubetti
- 1 cucchiaio di zenzero, grattugiato
- 1 cucchiaio di olio d'oliva
- 2 scalogni, tritati
- 1 cucchiaio di aceto balsamico
- Un pizzico di pepe nero
- ¾ tazza di brodo di pollo a basso contenuto di sodio
- 1 cucchiaio di basilico tritato

Indicazioni:
1. Scaldare una padella con l'olio a fuoco medio, aggiungere lo scalogno e lo zenzero, mescolare e far rosolare per 5 minuti.
2. Aggiungere il resto degli ingredienti tranne il pollo, mescolare, portare a ebollizione e cuocere per altri 5 minuti.
3. Aggiungere il pollo, mescolare, cuocere a fuoco lento l'intero composto per 25 minuti, dividere tra i piatti e servire.

Nutrizione: calorie 294, grassi 15,5, fibre 3, carboidrati 15,4, proteine 13,1

Pollo e Mais

Tempo di preparazione: 10 minuti
Tempo di cottura: 35 minuti
Porzioni: 4

Ingredienti:
- 2 libbre di petto di pollo, senza pelle, disossato e tagliato a metà
- 2 tazze di mais
- 2 cucchiai di olio di avocado
- Un pizzico di pepe nero
- 1 cucchiaino di paprika affumicata
- 1 mazzo di cipolle verdi, tritate
- 1 tazza di brodo di pollo a basso contenuto di sodio

Indicazioni:
1. Riscaldare una padella con l'olio a fuoco medio-alto, aggiungere le cipolle verdi, mescolare e farle rosolare per 5 minuti.
2. Aggiungere il pollo e farlo rosolare per altri 5 minuti.
3. Aggiungere il mais e gli altri ingredienti, mescolare, introdurre la teglia in forno e cuocere a 390 gradi per 25 minuti.
4. Dividete il composto tra i piatti e servite.

Nutrizione: calorie 270, grassi 12,4, fibre 5,2, carboidrati 12, proteine 9

Curry Turchia e Quinoa

Tempo di preparazione: 10 minuti
Tempo di cottura: 40 minuti
Porzioni: 4

Ingredienti:
- 1 libbra di petto di tacchino, senza pelle, disossato e tagliato a cubetti
- 1 cucchiaio di olio d'oliva
- 1 tazza di quinoa
- 2 tazze di brodo di pollo a basso contenuto di sodio
- 1 cucchiaio di succo di lime
- 1 cucchiaio di prezzemolo tritato
- Un pizzico di pepe nero
- 1 cucchiaio di pasta di curry rosso

Indicazioni:
1. Scaldare una padella con l'olio a fuoco medio-alto, aggiungere la carne e farla rosolare per 5 minuti.
2. Aggiungere la quinoa e il resto degli ingredienti, mescolare, portare a ebollizione e cuocere a fuoco medio per 35 minuti.
3. Dividete tutto tra i piatti e servite.

Nutrizione: calorie 310, grassi 8,5, fibre 11, carboidrati 30,4, proteine 16,3

Pastinaca di tacchino e cumino

Tempo di preparazione: 10 minuti
Tempo di cottura: 40 minuti
Porzioni: 4

Ingredienti:
- 1 libbra di petto di tacchino, senza pelle, disossato e tagliato a cubetti
- 2 pastinache, pelate e tagliate a cubetti
- 2 cucchiaini di cumino, macinato
- 1 cucchiaio di prezzemolo tritato
- 2 cucchiai di olio di avocado
- 2 scalogni, tritati
- 1 tazza di brodo di pollo a basso contenuto di sodio
- 4 spicchi d'aglio, tritati
- Un pizzico di pepe nero

Indicazioni:
1. Riscaldare una padella con l'olio a fuoco medio, aggiungere lo scalogno e l'aglio e far rosolare per 5 minuti.
2. Aggiungere il tacchino, mescolare e cuocere per altri 5 minuti.
3. Aggiungere la pastinaca e gli altri ingredienti, mescolare, cuocere a fuoco medio per altri 30 minuti, dividere tra i piatti e servire.

Nutrizione: calorie 284, grassi 18,2, fibra 4, carboidrati 16,7, proteine 12,3

Ceci Tacchino e Coriandolo

Tempo di preparazione: 10 minuti
Tempo di cottura: 40 minuti
Porzioni: 4

Ingredienti:
- 1 tazza di ceci in scatola, senza sale aggiunto, scolati
- 1 tazza di brodo di pollo a basso contenuto di sodio
- 1 libbra di petto di tacchino, senza pelle, disossato e tagliato a cubetti
- Un pizzico di pepe nero
- 1 cucchiaino di origano essiccato
- 1 cucchiaino di noce moscata, macinata
- 2 cucchiai di olio d'oliva
- 1 cipolla gialla, tritata
- 1 peperone verde, tritato
- 1 tazza di coriandolo, tritato

Indicazioni:
1. Scaldare una padella con l'olio a fuoco medio, aggiungere la cipolla, il peperone e la carne e cuocere per 10 minuti mescolando spesso.
2. Aggiungere il resto degli ingredienti, mescolare, portare a ebollizione e cuocere a fuoco medio per 30 minuti.
3. Dividete il composto tra i piatti e servite.

Nutrizione: calorie 304, grassi 11,2, fibre 4,5, carboidrati 22,2, proteine 17

Tacchino e Lenticchie al Curry

Tempo di preparazione: 10 minuti
Tempo di cottura: 40 minuti
Porzioni: 4

Ingredienti:
- 2 libbre di petto di tacchino, senza pelle, disossato e tagliato a cubetti
- 1 tazza di lenticchie in scatola, senza sale aggiunto, scolate e sciacquate
- 1 cucchiaio di pasta di curry verde
- 1 cucchiaino di garam masala
- 2 cucchiai di olio d'oliva
- 1 cipolla gialla, tritata
- 1 spicchio d'aglio, tritato
- Un pizzico di pepe nero
- 1 cucchiaio di coriandolo tritato

Indicazioni:
1. Scaldare una padella con l'olio a fuoco medio, aggiungere la cipolla, l'aglio e la carne e far rosolare per 5 minuti mescolando spesso.
2. Aggiungere le lenticchie e gli altri ingredienti, portare a ebollizione e cuocere a fuoco medio per 35 minuti.
3. Dividete il composto tra i piatti e servite.

Nutrizione: calorie 489, grassi 12,1, fibre 16,4, carboidrati 42,4, proteine 51,5

Tacchino con fagioli e olive

Tempo di preparazione: 10 minuti
Tempo di cottura: 35 minuti
Porzioni: 4

Ingredienti:
- 1 tazza di fagioli neri, senza sale aggiunto e scolati
- 1 tazza di olive verdi, snocciolate e tagliate a metà
- 1 libbra di petto di tacchino, senza pelle, disossato e affettato
- 1 cucchiaio di coriandolo tritato
- 1 tazza di salsa di pomodoro, senza sale aggiunto
- 1 cucchiaio di olio d'oliva

Indicazioni:
1. Ungete una teglia con l'olio, disponete le fette di tacchino all'interno, unite anche gli altri ingredienti, introducete in forno e infornate a 380 ° C per 35 minuti.
2. Dividete tra i piatti e servite.

Nutrizione: calorie 331, grassi 6.4, fibre 9, carboidrati 38,5, proteine 30,7

Quinoa di pollo e pomodoro

Tempo di preparazione: 10 minuti
Tempo di cottura: 35 minuti
Porzioni: 8

Ingredienti:
- 1 cucchiaio di olio d'oliva
- 2 libbre di petti di pollo, senza pelle, disossati e tagliati a metà
- 1 cucchiaino di rosmarino, macinato
- Un pizzico di sale e pepe nero
- 2 scalogni, tritati
- 1 cucchiaio di olio d'oliva
- 3 cucchiai di salsa di pomodoro a basso contenuto di sodio
- 2 tazze di quinoa, già cotta

Indicazioni:
1. Riscaldare una padella con l'olio a fuoco medio-alto, aggiungere la carne e lo scalogno e far rosolare per 2 minuti per lato.
2. Aggiungere il rosmarino e gli altri ingredienti, mescolare, introdurre in forno e cuocere a 370 gradi per 30 minuti.
3. Dividete il composto tra i piatti e servite.

Nutrizione: calorie 406, grassi 14,5, fibre 3,1, carboidrati 28,1, proteine 39

Ali di pollo pimento

Tempo di preparazione: 10 minuti
Tempo di cottura: 20 minuti
Porzioni: 4

Ingredienti:
- 2 libbre di ali di pollo
- 2 cucchiaini di pimento, macinato
- 2 cucchiai di olio di avocado
- 5 spicchi d'aglio, tritati
- Pepe nero al gusto
- 2 cucchiai di erba cipollina tritata

Indicazioni:
1. In una ciotola unire le ali di pollo con il pimento e gli altri ingredienti e mescolare bene.
2. Disporre le ali di pollo in una teglia e infornare a 400 gradi per 20 minuti.
3. Dividete le ali di pollo tra i piatti e servite.

Nutrizione: calorie 449, grassi 17,8, fibre 0,6, carboidrati 2,4, proteine 66,1

Mix di gamberi e ananas

Tempo di preparazione: 10 minuti
Tempo di cottura: 10 minuti
Porzioni: 4

Ingredienti:
- 1 cucchiaio di olio d'oliva
- 1 libbra di gamberetti, pelati e puliti
- 1 tazza di ananas, sbucciato e tagliato a cubetti
- Succo di 1 limone
- Un mazzetto di prezzemolo tritato

Indicazioni:
1. Riscaldare una padella con l'olio a fuoco medio, aggiungere i gamberi e cuocere per 3 minuti per lato.
2. Aggiungere il resto degli ingredienti, cuocere il tutto ancora per 4 minuti, dividere in ciotole e servire.

Nutrizione: calorie 254, grassi 13,3, fibre 6, carboidrati 14,9, proteine 11

Salmone e Olive Verdi

Tempo di preparazione: 10 minuti
Tempo di cottura: 20 minuti
Porzioni: 4

Ingredienti:
- 1 cipolla gialla, tritata
- 1 tazza di olive verdi, snocciolate e tagliate a metà
- 1 cucchiaino di peperoncino in polvere
- Pepe nero al gusto
- 2 cucchiai di olio d'oliva
- ¼ di tazza di brodo vegetale a basso contenuto di sodio
- 4 filetti di salmone, senza pelle e disossati
- 2 cucchiai di erba cipollina tritata

Indicazioni:
1. Riscaldare una padella con l'olio a fuoco medio-alto, aggiungere la cipolla e far rosolare per 3 minuti.
2. Aggiungere il salmone e cuocere per 5 minuti per lato. Aggiungere il resto degli ingredienti, cuocere per altri 5 minuti, dividere tra i piatti e servire.

Nutrizione: calorie 221, grassi 12,1, fibre 5,4, carboidrati 8,5, proteine 11,2

Salmone e Finocchio

Tempo di preparazione: 5 minuti
Tempo di cottura: 15 minuti
Porzioni: 4

Ingredienti:
- 4 filetti di salmone medi, senza pelle e disossati
- 1 finocchio, tritato
- ½ tazza di brodo vegetale a basso contenuto di sodio
- 2 cucchiai di olio d'oliva
- Pepe nero al gusto
- ¼ di tazza di brodo vegetale a basso contenuto di sodio
- 1 cucchiaio di succo di limone
- 1 cucchiaio di coriandolo tritato

Indicazioni:
1. Scaldare una padella con l'olio a fuoco medio, aggiungere i finocchi e cuocere per 3 minuti.
2. Aggiungere il pesce e farlo rosolare per 4 minuti per lato.
3. Aggiungere il resto degli ingredienti, cuocere il tutto per altri 4 minuti, dividere tra i piatti e servire.

Nutrizione: calorie 252, grassi 9.3, fibre 4.2, carboidrati 12.3, proteine 9

Baccalà e Asparagi

Tempo di preparazione: 10 minuti
Tempo di cottura: 14 minuti
Porzioni: 4

Ingredienti:
- 1 cucchiaio di olio d'oliva
- 1 cipolla rossa, tritata
- 1 libbra di filetti di merluzzo, disossati
- 1 mazzetto di asparagi, mondati
- Pepe nero al gusto
- 1 tazza di crema al cocco
- 1 cucchiaio di erba cipollina tritata

Indicazioni:
1. Scaldare una padella con l'olio a fuoco medio, aggiungere la cipolla e il baccalà e cuocere per 3 minuti per lato.
2. Aggiungere il resto degli ingredienti, cuocere il tutto per altri 8 minuti, dividere tra i piatti e servire.

Nutrizione: calorie 254, grassi 12,1, fibre 5,4, carboidrati 4,2, proteine 13,5

Gamberetti speziati

Tempo di preparazione: 5 minuti
Tempo di cottura: 8 minuti
Porzioni: 4

Ingredienti:
- 1 cucchiaino di aglio in polvere
- 1 cucchiaino di paprika affumicata
- 1 cucchiaino di cumino, macinato
- 1 cucchiaino di pimento, macinato
- 2 cucchiai di olio d'oliva
- 2 libbre di gamberetti, pelati e puliti
- 1 cucchiaio di erba cipollina tritata

Indicazioni:
1. Scaldare una padella con l'olio a fuoco medio, unire i gamberi, l'aglio in polvere e gli altri ingredienti, cuocere per 4 minuti per lato, dividere in ciotole e servire.

Nutrizione: calorie 212, grassi 9.6, fibre 5.3, carboidrati 12.7, proteine 15.4

Branzino e Pomodori

Tempo di preparazione: 10 minuti
Tempo di cottura: 30 minuti
Porzioni: 4

Ingredienti:
- 2 cucchiai di olio d'oliva
- 2 libbre di filetti di branzino, senza pelle e disossati
- Pepe nero al gusto
- 2 tazze di pomodorini, tagliati a metà
- 1 cucchiaio di erba cipollina tritata
- 1 cucchiaio di scorza di limone grattugiata
- ¼ di tazza di succo di limone

Indicazioni:
1. Ungete una teglia con l'olio e disponeteci dentro il pesce.
2. Aggiungere i pomodori e gli altri ingredienti, introdurre la teglia in forno e infornare a 380 gradi per 30 minuti.
3. Dividete tutto tra i piatti e servite.

Nutrizione: calorie 272, grassi 6,9, fibre 6,2, carboidrati 18,4, proteine 9

Gamberetti e Fagioli

Tempo di preparazione: 10 minuti
Tempo di cottura: 12 minuti
Porzioni: 4

Ingredienti:
- 1 libbra di gamberetti, sgusciati e pelati
- 1 cucchiaio di olio d'oliva
- Succo di 1 lime
- 1 tazza di fagioli neri in scatola, senza sale aggiunto, scolati
- 1 scalogno, tritato
- 1 cucchiaio di origano, tritato
- 2 spicchi d'aglio, tritati
- Pepe nero al gusto

Indicazioni:
1. Scaldare una padella con l'olio a fuoco medio-alto, aggiungere lo scalogno e l'aglio, mescolare e cuocere per 3 minuti.
2. Aggiungere i gamberi e cuocere per 2 minuti per lato.
3. Aggiungere i fagioli e gli altri ingredienti, cuocere il tutto a fuoco medio per altri 5 minuti, dividere in ciotole e servire.

Nutrizione: calorie 253, grassi 11,6, fibre 6, carboidrati 14,5, proteine 13,5

Mix di gamberi e rafano

Tempo di preparazione: 5 minuti
Tempo di cottura: 8 minuti
Porzioni: 4

Ingredienti:
- 1 libbra di gamberetti, pelati e puliti
- 2 scalogni, tritati
- 1 cucchiaio di olio d'oliva
- 1 cucchiaio di erba cipollina tritata
- 2 cucchiaini di rafano preparato
- ¼ di tazza di crema al cocco
- Pepe nero al gusto

Indicazioni:
4 Riscaldare una padella con l'olio a fuoco medio, aggiungere lo scalogno e il rafano, mescolare e far rosolare per 2 minuti.
5 Aggiungere i gamberi e gli altri ingredienti, mescolare, cuocere per altri 6 minuti, dividere tra i piatti e servire.

Nutrizione: calorie 233, grassi 6, fibre 5, carboidrati 11,9, proteine 5,4

Insalata di gamberi e dragoncello

Tempo di preparazione: 4 minuti
Tempo di cottura: 0 minuti
Porzioni: 4

Ingredienti:
- 1 libbra di gamberetti, cotti, pelati e sgusciati
- 1 cucchiaio di dragoncello tritato
- 1 cucchiaio di capperi, scolati
- 2 cucchiai di olio d'oliva
- Pepe nero al gusto
- 2 tazze di spinaci baby
- 1 cucchiaio di aceto balsamico
- 1 cipolla rossa piccola, affettata
- 2 cucchiai di succo di limone

Indicazioni:
4 In una ciotola, unire i gamberi con il dragoncello e gli altri ingredienti, mescolare e servire.

Nutrizione: calorie 258, grassi 12,4, fibre 6, carboidrati 6,7, proteine 13,3

Mix di merluzzo al parmigiano

Tempo di preparazione: 10 minuti
Tempo di cottura: 20 minuti
Porzioni: 4

Ingredienti:
- 4 filetti di merluzzo, disossati
- ½ tazza di parmigiano a basso contenuto di grassi, sminuzzato
- 3 spicchi d'aglio, tritati
- 1 cucchiaio di olio d'oliva
- 1 cucchiaio di succo di limone
- ½ tazza di cipolla verde, tritata

Indicazioni:
1. Riscaldare una padella con l'olio a fuoco medio, aggiungere l'aglio e le cipolle verdi, mescolare e far rosolare per 5 minuti.
2. Aggiungere il pesce e cuocere per 4 minuti per lato.
3. Aggiungere il succo di limone, spolverare con il parmigiano, cuocere il tutto per altri 2 minuti, dividere tra i piatti e servire.

Nutrizione: calorie 275, grassi 22,1, fibre 5, carboidrati 18,2, proteine 12

Mix di tilapia e cipolla rossa

Tempo di preparazione: 10 minuti
Tempo di cottura: 15 minuti
Porzioni: 4

Ingredienti:
- 4 filetti di tilapia disossati
- 2 cucchiai di olio d'oliva
- 1 cucchiaio di succo di limone
- 2 cucchiaini di scorza di limone grattugiata
- 2 cipolle rosse, tritate grossolanamente
- 3 cucchiai di erba cipollina tritata

Indicazioni:
1. Scaldare una padella con l'olio a fuoco medio, aggiungere le cipolle, la scorza di limone e il succo di limone, mescolare e far rosolare per 5 minuti.
2. Aggiungere il pesce e l'erba cipollina, cuocere per 5 minuti per lato, dividere tra i piatti e servire.

Nutrizione: calorie 254, grassi 18,2, fibre 5,4, carboidrati 11,7, proteine 4,5

Insalata di trote

Tempo di preparazione: 6 minuti
Tempo di cottura: 0 minuti
Porzioni: 4

Ingredienti:
- 4 once di trota affumicata, senza pelle, disossata e tagliata a cubetti
- 1 cucchiaio di succo di lime
- 1/3 di tazza di yogurt magro
- 2 avocado, sbucciati, snocciolati e tagliati a cubetti
- 3 cucchiai di erba cipollina tritata
- Pepe nero al gusto
- 1 cucchiaio di olio d'oliva

Indicazioni:
1. In una ciotola, unire la trota con gli avocado e gli altri ingredienti, mescolare e servire.

Nutrizione: calorie 244, grassi 9,45, fibre 5,6, carboidrati 8,5, proteine 15

Trota Balsamica

Tempo di preparazione: 5 minuti
Tempo di cottura: 15 minuti
Porzioni: 4

Ingredienti:
- 3 cucchiai di aceto balsamico
- 2 cucchiai di olio d'oliva
- 4 filetti di trota, disossati
- 3 cucchiai di prezzemolo tritato finemente
- 2 spicchi d'aglio, tritati

Indicazioni:
1. Scaldare una padella con l'olio a fuoco medio, aggiungere le trote e cuocere per 6 minuti per lato.
2. Aggiungere il resto degli ingredienti, cuocere ancora per 3 minuti, dividere tra i piatti e servire con contorno di insalata.

Nutrizione: calorie 314, grassi 14,3, fibre 8,2, carboidrati 14,8, proteine 11,2

Salmone Prezzemolo

Tempo di preparazione: 5 minuti
Tempo di cottura: 12 minuti
Porzioni: 4

Ingredienti:
- 2 cipollotti, tritati
- 2 cucchiaini di succo di lime
- 1 cucchiaio di erba cipollina, tritata
- 1 cucchiaio di olio d'oliva
- 4 filetti di salmone disossati
- Pepe nero al gusto
- 2 cucchiai di prezzemolo tritato

Indicazioni:
1. Scaldare una padella con l'olio a fuoco medio, aggiungere i cipollotti, mescolare e far rosolare per 2 minuti.
2. Aggiungere il salmone e gli altri ingredienti, cuocere 5 minuti per lato, dividere tra i piatti e servire.

Nutrizione: calorie 290, grassi 14,4, fibre 5,6, carboidrati 15,6, proteine 9,5

Insalata di trote e verdure

Tempo di preparazione: 5 minuti
Tempo di cottura: 0 minuti
Porzioni: 4

Ingredienti:
- 2 cucchiai di olio d'oliva
- ½ tazza di olive kalamata, snocciolate e tritate
- Pepe nero al gusto
- 1 libbra di trota affumicata, disossata, senza pelle e tagliata a cubetti
- ½ cucchiaino di scorza di limone grattugiata
- 1 cucchiaio di succo di limone
- 1 tazza di pomodorini, tagliati a metà
- ½ cipolla rossa, affettata
- 2 tazze di rucola baby

Indicazioni:
1. In una ciotola unire la trota affumicata con le olive, il pepe nero e gli altri ingredienti, mescolare e servire.

Nutrizione: calorie 282, grassi 13,4, fibre 5,3, carboidrati 11,6, proteine 5,6

Salmone allo zafferano

Tempo di preparazione: 10 minuti
Tempo di cottura: 12 minuti
Porzioni: 4

Ingredienti:
- Pepe nero al gusto
- ½ cucchiaino di paprika dolce
- 4 filetti di salmone disossati
- 3 cucchiai di olio d'oliva
- 1 cipolla gialla, tritata
- 2 spicchi d'aglio, tritati
- ¼ di cucchiaino di zafferano in polvere

Indicazioni:
1. Scaldare una padella con l'olio a fuoco medio-alto, aggiungere la cipolla e l'aglio, mescolare e far rosolare per 2 minuti.
2. Aggiungere il salmone e gli altri ingredienti, cuocere 5 minuti per lato, dividere tra i piatti e servire.

Nutrizione: calorie 339, grassi 21,6, fibre 0,7, carboidrati 3,2, proteine 35

Insalata di gamberi e anguria

Tempo di preparazione: 10 minuti
Tempo di cottura: 0 minuti
Porzioni: 4

Ingredienti:
- ¼ di tazza di basilico tritato
- 2 tazze di anguria, sbucciata e tagliata a cubetti
- 2 cucchiai di aceto balsamico
- 2 cucchiai di olio d'oliva
- 1 libbra di gamberetti, pelati, puliti e cotti
- Pepe nero al gusto
- 1 cucchiaio di prezzemolo tritato

Indicazioni:
1. In una ciotola unire i gamberi con l'anguria e gli altri ingredienti, mescolare e servire.

Nutrizione: calorie 220, grassi 9, fibre 0,4, carboidrati 7,6, proteine 26,4

Insalata di origano gamberetti e quinoa

Tempo di preparazione: 5 minuti
Tempo di cottura: 8 minuti
Porzioni: 4

Ingredienti:
- 1 libbra di gamberetti, pelati e puliti
- 1 tazza di quinoa, cotta
- Pepe nero al gusto
- 1 cucchiaio di olio d'oliva
- 1 cucchiaio di origano, tritato
- 1 cipolla rossa, tritata
- Succo di 1 limone

Indicazioni:
1. Scaldare una padella con l'olio a fuoco medio-alto, aggiungere la cipolla, mescolare e far rosolare per 2 minuti.
2. Aggiungere i gamberi, mescolare e cuocere per 5 minuti.
3. Aggiungere il resto degli ingredienti, mescolare, dividere il tutto in ciotole e servire.

Nutrizione: calorie 336, grassi 8.2, fibre 4.1, carboidrati 32,3, proteine 32,3

Insalata Di Granchio

Tempo di preparazione: 10 minuti
Tempo di cottura: 0 minuti
Porzioni: 4

Ingredienti:
- 1 cucchiaio di olio d'oliva
- 2 tazze di polpa di granchio
- Pepe nero al gusto
- 1 tazza di pomodorini, tagliati a metà
- 1 scalogno, tritato
- 1 cucchiaio di succo di limone
- 1/3 di tazza di coriandolo, tritato

Indicazioni:
1. In una ciotola unire il granchio ai pomodori e agli altri ingredienti, mescolare e servire.

Nutrizione: calorie 54, grassi 3,9, fibre 0,6, carboidrati 2,6, proteine 2,3

Capesante Balsamiche

Tempo di preparazione: 4 minuti
Tempo di cottura: 6 minuti
Porzioni: 4

Ingredienti:
- 12 once di capesante di mare
- 2 cucchiai di olio d'oliva
- 2 spicchi d'aglio, tritati
- 1 cucchiaio di aceto balsamico
- 1 tazza di scalogno, affettato
- 2 cucchiai di coriandolo tritato

Indicazioni:
1. Riscaldare una padella con l'olio a fuoco medio, aggiungere lo scalogno e l'aglio e far rosolare per 2 minuti.
2. Aggiungere le capesante e gli altri ingredienti, cuocerle per 2 minuti per lato, dividere tra i piatti e servire.

Nutrizione: calorie 146, grassi 7,7, fibre 0,7, carboidrati 4,4, proteine 14,8

Mix cremoso di passere

Tempo di preparazione: 10 minuti
Tempo di cottura: 20 minuti
Porzioni: 4

Ingredienti:
- 2 cucchiai di olio d'oliva
- 1 cipolla rossa, tritata
- Pepe nero al gusto
- ½ tazza di brodo vegetale a basso contenuto di sodio
- 4 filetti di passera disossata
- ½ tazza di crema al cocco
- 1 cucchiaio di aneto, tritato

Indicazioni:
1. Scaldare una padella con l'olio a fuoco medio, aggiungere la cipolla, mescolare e far rosolare per 5 minuti.
2. Aggiungere il pesce e cuocere per 4 minuti per lato.
3. Aggiungere il resto degli ingredienti, cuocere per altri 7 minuti, dividere tra i piatti e servire.

Nutrizione: calorie 232, grassi 12,3, fibre 4, carboidrati 8,7, proteine 12

Salmone piccante e mix di mango

Tempo di preparazione: 5 minuti
Tempo di cottura: 0 minuti
Porzioni: 4

Ingredienti:
- 1 libbra di salmone affumicato, disossato, senza pelle e in fiocchi
- Pepe nero al gusto
- 1 cipolla rossa, tritata
- 1 mango, sbucciato, senza semi e tritato
- 2 peperoni jalapeno, tritati
- ¼ di tazza di prezzemolo tritato
- 3 cucchiai di succo di lime
- 1 cucchiaio di olio d'oliva

Indicazioni:
2. In una ciotola mescolate il salmone con il pepe nero e gli altri ingredienti, saltate e servite.

Nutrizione: calorie 323, grassi 14,2, fibre 4, carboidrati 8,5, proteine 20,4

Mix di gamberetti all'aneto

Tempo di preparazione: 5 minuti
Tempo di cottura: 0 minuti
Porzioni: 4

Ingredienti:
- 2 cucchiaini di succo di limone
- 1 cucchiaio di olio d'oliva
- 1 cucchiaio di aneto, tritato
- 1 libbra di gamberetti, cotti, pelati e sgusciati
- Pepe nero al gusto
- 1 tazza di ravanelli, a cubetti

Indicazioni:
1. In una ciotola unire i gamberi con il succo di limone e gli altri ingredienti, mescolare e servire.

Nutrizione: calorie 292, grassi 13, fibre 4.4, carboidrati 8, proteine 16.4

Patè Di Salmone

Tempo di preparazione: 4 minuti
Tempo di cottura: 0 minuti
Porzioni: 6

Ingredienti:
- 6 once di salmone affumicato, disossato, senza pelle e sminuzzato
- 2 cucchiai di yogurt magro
- 3 cucchiaini di succo di limone
- 2 cipollotti, tritati
- 8 once di crema di formaggio magro
- ¼ di tazza di coriandolo, tritato

Indicazioni:
1. In una ciotola mescolate il salmone con lo yogurt e gli altri ingredienti, frullate e servite freddo.

Nutrizione: calorie 272, grassi 15,2, fibre 4,3, carboidrati 16,8, proteine 9,9

Gamberetti ai Carciofi

Tempo di preparazione: 4 minuti
Tempo di cottura: 8 minuti
Porzioni: 4

Ingredienti:
- 2 cipolle verdi, tritate
- 1 tazza di carciofi in scatola, senza sale aggiunto, scolati e tagliati in quarti
- 2 cucchiai di coriandolo tritato
- 1 libbra di gamberetti, pelati e puliti
- 1 tazza di pomodorini, a cubetti
- 1 cucchiaio di olio d'oliva
- 1 cucchiaio di aceto balsamico
- Un pizzico di sale e pepe nero

Indicazioni:
1. Scaldare una padella con l'olio a fuoco medio, aggiungere le cipolle ei carciofi, mescolare e cuocere per 2 minuti.
2. Aggiungere i gamberi, mescolare e cuocere a fuoco medio per 6 minuti.
3. Dividete il tutto in ciotole e servite.

Nutrizione: calorie 260, grassi 8,23, fibre 3,8, carboidrati 14,3, proteine 12,4

Gamberetti con salsa al limone

Tempo di preparazione: 5 minuti
Tempo di cottura: 8 minuti
Porzioni: 4

Ingredienti:
- 1 libbra di gamberetti, pelati e puliti
- 2 cucchiai di olio d'oliva
- La scorza di 1 limone grattugiata
- Succo di ½ limone
- 1 cucchiaio di erba cipollina tritata

Indicazioni:
1. Riscaldare una padella con l'olio a fuoco medio-alto, aggiungere la scorza di limone, il succo di limone e il coriandolo, mescolare e cuocere per 2 minuti.
2. Aggiungere i gamberi, cuocere il tutto per altri 6 minuti, dividere tra i piatti e servire.

Nutrizione: calorie 195, grassi 8,9, fibre 0, carboidrati 1,8, proteine 25,9

Tonno e Arancia Mix

Tempo di preparazione: 5 minuti
Tempo di cottura: 12 minuti
Porzioni: 4

Ingredienti:
- 4 filetti di tonno disossati
- Pepe nero al gusto
- 2 cucchiai di olio d'oliva
- 2 scalogni, tritati
- 3 cucchiai di succo d'arancia
- 1 arancia, sbucciata e tagliata a spicchi
- 1 cucchiaio di origano, tritato

Indicazioni:
1. Riscaldare una padella con l'olio a fuoco medio-alto, aggiungere gli scalogni, mescolare e far rosolare per 2 minuti.
2. Aggiungere il tonno e gli altri ingredienti, cuocere il tutto ancora per 10 minuti, dividere tra i piatti e servire.

Nutrizione: calorie 457, grassi 38,2, fibre 1,6, carboidrati 8,2, proteine 21,8

Salmone al curry

Tempo di preparazione: 10 minuti
Tempo di cottura: 20 minuti
Porzioni: 4

Ingredienti:
- 1 libbra di filetto di salmone, disossato e tagliato a cubetti
- 3 cucchiai di pasta di curry rosso
- 1 cipolla rossa, tritata
- 1 cucchiaino di paprika dolce
- 1 tazza di crema al cocco
- 1 cucchiaio di olio d'oliva
- Pepe nero al gusto
- ½ tazza di brodo di pollo a basso contenuto di sodio
- 3 cucchiai di basilico tritato

Indicazioni:
1. Riscaldare una padella con l'olio a fuoco medio-alto, aggiungere la cipolla, la paprika e la pasta di curry, mescolare e cuocere per 5 minuti.
2. Aggiungere il salmone e gli altri ingredienti, mescolare delicatamente, cuocere a fuoco medio per 15 minuti, dividere in ciotole e servire.

Nutrizione: calorie 377, grassi 28,3, fibre 2,1, carboidrati 8,5, proteine 23,9

Salmone e Carote Mix

Tempo di preparazione: 10 minuti
Tempo di cottura: 15 minuti
Porzioni: 4

Ingredienti:
- 4 filetti di salmone disossati
- 1 cipolla rossa, tritata
- 2 carote, affettate
- 2 cucchiai di olio d'oliva
- 2 cucchiai di aceto balsamico
- Pepe nero al gusto
- 2 cucchiai di erba cipollina tritata
- ¼ di tazza di brodo vegetale a basso contenuto di sodio

Indicazioni:
1. Scaldare una padella con l'olio a fuoco medio, aggiungere la cipolla e le carote, mescolare e far rosolare per 5 minuti.
2. Aggiungere il salmone e gli altri ingredienti, cuocere il tutto ancora per 10 minuti, dividere tra i piatti e servire.

Nutrizione: calorie 322, grassi 18, fibre 1.4, carboidrati 6, proteine 35.2

Mix di gamberetti e pinoli

Tempo di preparazione: 10 minuti
Tempo di cottura: 10 minuti
Porzioni: 4

Ingredienti:
- 1 libbra di gamberetti, pelati e puliti
- 2 cucchiai di pinoli
- 1 cucchiaio di succo di lime
- 2 cucchiai di olio d'oliva
- 3 spicchi d'aglio, tritati
- Pepe nero al gusto
- 1 cucchiaio di timo, tritato
- 2 cucchiai di erba cipollina, tritata finemente

Indicazioni:
1. Scaldare una padella con l'olio a fuoco medio-alto, aggiungere l'aglio, il timo, i pinoli e il succo di lime, mescolare e cuocere per 3 minuti.
2. Aggiungere i gamberi, il pepe nero e l'erba cipollina, mescolare, cuocere per altri 7 minuti, dividere tra i piatti e servire.

Nutrizione: calorie 290, grassi 13, fibre 4,5, carboidrati 13,9, proteine 10

Chili Cod e Fagiolini

Tempo di preparazione: 10 minuti
Tempo di cottura: 14 minuti
Porzioni: 4

Ingredienti:
- 4 filetti di merluzzo, disossati
- ½ libbra di fagiolini, mondati e tagliati a metà
- 1 cucchiaio di succo di lime
- 1 cucchiaio di scorza di lime, grattugiata
- 1 cipolla gialla, tritata
- 2 cucchiai di olio d'oliva
- 1 cucchiaino di cumino, macinato
- 1 cucchiaino di peperoncino in polvere
- ½ tazza di brodo vegetale a basso contenuto di sodio
- Un pizzico di sale e pepe nero

Indicazioni:
1. Riscaldare una padella con l'olio a fuoco medio-alto, aggiungere la cipolla, mescolare e cuocere per 2 minuti.
2. Aggiungere il pesce e cuocere per 3 minuti per lato.
3. Aggiungere i fagiolini e il resto degli ingredienti, mescolare delicatamente, cuocere per altri 7 minuti, dividere tra i piatti e servire.

Nutrizione: calorie 220, grassi 13, carboidrati 14,3, fibre 2,3, proteine 12

Capesante all'aglio

Tempo di preparazione: 5 minuti
Tempo di cottura: 8 minuti
Porzioni: 4

Ingredienti:
- 12 capesante
- 1 cipolla rossa, affettata
- 2 cucchiai di olio d'oliva
- ½ cucchiaino di aglio tritato
- 2 cucchiai di succo di limone
- Pepe nero al gusto
- 1 cucchiaino di aceto balsamico

Indicazioni:
1. Scaldare una padella con l'olio a fuoco medio, aggiungere la cipolla e l'aglio e far rosolare per 2 minuti.
2. Aggiungere le capesante e gli altri ingredienti, cuocere a fuoco medio per altri 6 minuti, dividere tra i piatti e servire ben caldo.

Nutrizione: calorie 259, grassi 8, fibre 3, carboidrati 5,7, proteine 7

Mix cremoso di branzino

Tempo di preparazione: 10 minuti
Tempo di cottura: 14 minuti
Porzioni: 4

Ingredienti:
- 4 filetti di branzino, disossati
- 1 tazza di crema al cocco
- 1 cipolla gialla, tritata
- 1 cucchiaio di succo di lime
- 2 cucchiai di olio di avocado
- 1 cucchiaio di prezzemolo tritato
- Un pizzico di pepe nero

Indicazioni:
1. Riscaldare una padella con l'olio a fuoco medio, aggiungere la cipolla, mescolare e far rosolare per 2 minuti.
2. Aggiungere il pesce e cuocere per 4 minuti per lato.
3. Aggiungere il resto degli ingredienti, cuocere il tutto per altri 4 minuti, dividere tra i piatti e servire.

Nutrizione: calorie 283, grassi 12,3, fibre 5, carboidrati 12,5, proteine 8

Mix di spigola e funghi

Tempo di preparazione: 10 minuti
Tempo di cottura: 13 minuti
Porzioni: 4

Ingredienti:
- 4 filetti di branzino, disossati
- 2 cucchiai di olio d'oliva
- Pepe nero al gusto
- ½ tazza di funghi bianchi, affettati
- 1 cipolla rossa, tritata
- 2 cucchiai di aceto balsamico
- 3 cucchiai di coriandolo tritato

Indicazioni:
1. Scaldare una padella con l'olio a fuoco medio-alto, aggiungere la cipolla e i funghi, mescolare e cuocere per 5 minuti.
2. Aggiungere il pesce e gli altri ingredienti, cuocere per 4 minuti per parte, dividere il tutto tra i piatti e servire.

Nutrizione: calorie 280, grassi 12,3, fibre 8, carboidrati 13,6, proteine 14,3

Zuppa Di Salmone

Tempo di preparazione: 5 minuti
Tempo di cottura: 20 minuti
Porzioni: 4

Ingredienti:
- 1 libbra di filetti di salmone, disossati, senza pelle e tagliati a cubetti
- 1 tazza di cipolla gialla, tritata
- 2 cucchiai di olio d'oliva
- Pepe nero al gusto
- 2 tazze di brodo vegetale a basso contenuto di sodio
- 1 tazza e ½ di pomodori, tritati
- 1 cucchiaio di basilico tritato

Indicazioni:
1. Riscaldare una pentola con l'olio a fuoco medio, aggiungere la cipolla, mescolare e far rosolare per 5 minuti.
2. Aggiungere il salmone e gli altri ingredienti, portare a ebollizione e cuocere a fuoco medio per 15 minuti.
3. Dividi la zuppa in ciotole e servi.

Nutrizione: calorie 250, grassi 12,2, fibre 5, carboidrati 8,5, proteine 7

Gamberetti alla noce moscata

Tempo di preparazione: 3 minuti
Tempo di cottura: 6 minuti
Porzioni: 4

Ingredienti:
- 1 libbra di gamberetti, pelati e puliti
- 2 cucchiai di olio d'oliva
- 1 cucchiaio di succo di limone
- 1 cucchiaio di noce moscata, macinata
- Pepe nero al gusto
- 1 cucchiaio di coriandolo tritato

Indicazioni:
1. Scaldare una padella con l'olio a fuoco medio, unire i gamberi, il succo di limone e gli altri ingredienti, mescolare, cuocere per 6 minuti, dividere in ciotole e servire.

Nutrizione: calorie 205, grassi 9.6, fibre 0.4, carboidrati 2.7, proteine 26

Mix di gamberi e frutti di bosco

Tempo di preparazione: 4 minuti
Tempo di cottura: 6 minuti
Porzioni: 4

Ingredienti:
- 1 libbra di gamberetti, pelati e puliti
- ½ tazza di pomodori, tagliati a cubetti
- 2 cucchiai di olio d'oliva
- 1 cucchiaio di aceto balsamico
- ½ tazza di fragole, tritate
- Pepe nero al gusto

Indicazioni:
1. Riscaldare una padella con l'olio a fuoco medio, aggiungere i gamberi, mescolare e cuocere per 3 minuti.
2. Aggiungere il resto degli ingredienti, mescolare, cuocere per altri 3-4 minuti, dividere in ciotole e servire.

Nutrizione: calorie 205, grassi 9, fibre 0,6, carboidrati 4, proteine 26,2

Trota Limone Al Forno

Tempo di preparazione: 10 minuti
Tempo di cottura: 30 minuti
Porzioni: 4

Ingredienti:
- 4 trote
- 1 cucchiaio di scorza di limone grattugiata
- 2 cucchiai di olio d'oliva
- 2 cucchiai di succo di limone
- Un pizzico di pepe nero
- 2 cucchiai di coriandolo tritato

Indicazioni:
1. In una pirofila unire il pesce con la scorza di limone e gli altri ingredienti e strofinare.
2. Infornare a 370 gradi per 30 minuti, dividere tra i piatti e servire.

Nutrizione: calorie 264, grassi 12,3, fibre 5, carboidrati 7, proteine 11

Capesante all'erba cipollina

Tempo di preparazione: 3 minuti
Tempo di cottura: 4 minuti
Porzioni: 4

Ingredienti:
- 12 capesante
- 2 cucchiai di olio d'oliva
- Pepe nero al gusto
- 2 cucchiai di erba cipollina tritata
- 1 cucchiaio di paprika dolce

Indicazioni:
1. Riscaldare una padella con l'olio a fuoco medio, aggiungere le capesante, la paprika e gli altri ingredienti e cuocere per 2 minuti per lato.
2. Dividete tra i piatti e servite con un contorno di insalata.

Nutrizione: calorie 215, grassi 6, fibre 5, carboidrati 4,5, proteine 11

Polpette Di Tonno

Tempo di preparazione: 10 minuti
Tempo di cottura: 30 minuti
Porzioni: 4

Ingredienti:
- 2 cucchiai di olio d'oliva
- 1 libbra di tonno, senza pelle, disossato e tritato
- 1 cipolla gialla, tritata
- ¼ di tazza di erba cipollina tritata
- 1 uovo, sbattuto
- 1 cucchiaio di farina di cocco
- Un pizzico di sale e pepe nero

Indicazioni:
1. In una ciotola, mescolare il tonno con la cipolla e gli altri ingredienti tranne l'olio, mescolare bene e formare delle polpette medie con questo composto.
2. Disporre le polpette su una teglia, ungerle con l'olio, introdurre in forno a 350 gradi, cuocere per 30 minuti, dividere tra i piatti e servire.

Nutrizione: calorie 291, grassi 14,3, fibre 5, carboidrati 12,4, proteine 11

Salmone Pan

Tempo di preparazione: 10 minuti
Tempo di cottura: 12 minuti
Porzioni: 4

Ingredienti:

- 4 filetti di salmone, disossati e tagliati grossolanamente a cubetti
- 2 cucchiai di olio d'oliva
- 1 peperone rosso, tagliato a listarelle
- 1 zucchina, tagliata grossolanamente a cubetti
- 1 melanzana, tagliata grossolanamente a cubetti
- 1 cucchiaio di succo di limone
- 1 cucchiaio di aneto, tritato
- ¼ di tazza di brodo vegetale a basso contenuto di sodio
- 1 cucchiaino di aglio in polvere
- Un pizzico di pepe nero

Indicazioni:

1. Scaldare una padella con olio a fuoco medio-alto, aggiungere il peperone, le zucchine e le melanzane, mescolare e saltare per 3 minuti.
2. Aggiungere il salmone e gli altri ingredienti, mescolare delicatamente, cuocere il tutto per altri 9 minuti, dividere tra i piatti e servire.

Nutrizione: calorie 348, grassi 18,4, fibre 5,3, carboidrati 11,9, proteine 36,9

Miscela di merluzzo alla senape

Tempo di preparazione: 10 minuti
Tempo di cottura: 25 minuti
Porzioni: 4

Ingredienti:
- 4 filetti di merluzzo, senza pelle e disossati
- Un pizzico di pepe nero
- 1 cucchiaino di zenzero, grattugiato
- 1 cucchiaio di senape
- 2 cucchiai di olio d'oliva
- 1 cucchiaino di timo, essiccato
- ¼ di cucchiaino di cumino, macinato
- 1 cucchiaino di curcuma in polvere
- ¼ di tazza di coriandolo, tritato
- 1 tazza di brodo vegetale a basso contenuto di sodio
- 3 spicchi d'aglio, tritati

Indicazioni:
1. In una teglia unire il baccalà con il pepe nero, lo zenzero e gli altri ingredienti, mescolare delicatamente e infornare a 380 gradi per 25 minuti.
2. Dividete il composto tra i piatti e servite.

Nutrizione: calorie 176, grassi 9, fibra 1, carboidrati 3,7, proteine 21,2

Mix di gamberi e asparagi

Tempo di preparazione: 10 minuti
Tempo di cottura: 14 minuti
Porzioni: 4

Ingredienti:
- 1 mazzetto di asparagi, tagliato a metà
- 1 libbra di gamberetti, pelati e puliti
- Pepe nero al gusto
- 2 cucchiai di olio d'oliva
- 1 cipolla rossa, tritata
- 2 spicchi d'aglio, tritati
- 1 tazza di crema al cocco

Indicazioni:
1. Scaldare una padella con l'olio a fuoco medio, aggiungere la cipolla, l'aglio e gli asparagi, mescolare e cuocere per 4 minuti.
2. Aggiungere i gamberi e gli altri ingredienti, mescolare, cuocere a fuoco medio per 10 minuti, dividere il tutto in ciotole e servire.

Nutrizione: calorie 225, grassi 6, fibre 3,4, carboidrati 8,6, proteine 8

Merluzzo e Piselli

Tempo di preparazione: 10 minuti
Tempo di cottura: 20 minuti
Porzioni: 4

Ingredienti:
- 1 cipolla gialla, tritata
- 2 cucchiai di olio d'oliva
- ½ tazza di brodo di pollo a basso contenuto di sodio
- 4 filetti di merluzzo, disossati, senza pelle
- Pepe nero al gusto
- 1 tazza di taccole

Indicazioni:
1. Scaldare una pentola con l'olio a fuoco medio, aggiungere la cipolla, mescolare e far rosolare per 4 minuti.
2. Aggiungere il pesce e cuocere per 3 minuti per lato.
3. Aggiungere le taccole e gli altri ingredienti, cuocere il tutto ancora per 10 minuti, dividere tra i piatti e servire.

Nutrizione: calorie 240, grassi 8,4, fibre 2,7, carboidrati 7,6, proteine 14

Ciotole Di Gamberetti E Cozze

Tempo di preparazione: 5 minuti
Tempo di cottura: 12 minuti
Porzioni: 4

Ingredienti:
- 1 libbra di cozze, strofinate
- ½ tazza di brodo di pollo a basso contenuto di sodio
- 1 libbra di gamberetti, pelati e puliti
- 2 scalogni, tritati
- 1 tazza di pomodorini, a cubetti
- 2 spicchi d'aglio, tritati
- 1 cucchiaio di olio d'oliva
- Succo di 1 limone

Indicazioni:
1. Scaldare una padella con l'olio a fuoco medio, aggiungere lo scalogno e l'aglio e far rosolare per 2 minuti.
2. Aggiungere i gamberi, le cozze e gli altri ingredienti, cuocere il tutto a fuoco medio per 10 minuti, dividere in ciotole e servire.

Nutrizione: calorie 240, grassi 4,9, fibre 2,4, carboidrati 11,6, proteine 8

Crema Menta

Tempo di preparazione: 2 ore e 4 minuti

Tempo di cottura: 0 minuti
Porzioni: 4

Ingredienti:
- 4 tazze di yogurt magro
- 1 tazza di crema al cocco
- 3 cucchiai di stevia
- 2 cucchiaini di scorza di lime grattugiata
- 1 cucchiaio di menta, tritata

Indicazioni:
1. In un frullatore unire la panna allo yogurt e agli altri ingredienti, frullare bene, dividere in coppette e tenere in frigo per 2 ore prima di servire.

Nutrizione: calorie 512, grassi 14,3, fibre 1,5, carboidrati 83,6, proteine 12,1

Budino Di Lamponi

Tempo di preparazione: 10 minuti
Tempo di cottura: 24 minuti
Porzioni: 4

Ingredienti:
- 1 tazza di lamponi
- 2 cucchiaini di zucchero di cocco
- 3 uova, sbattute
- 1 cucchiaio di olio di avocado
- ½ tazza di latte di mandorle
- ½ tazza di farina di cocco
- ¼ di tazza di yogurt magro

Indicazioni:
1. In una ciotola unire i lamponi con lo zucchero e gli altri ingredienti tranne lo spray da cucina e frullare bene.
2. Ungete una teglia da budino con lo spray da cucina, unite il composto di lamponi, spalmate, infornate a 400 ° C per 24 minuti, dividete tra i piatti da dessert e servite.

Nutrizione: calorie 215, grassi 11,3, fibre 3,4, carboidrati 21,3, proteine 6,7

Barrette di mandorle

Tempo di preparazione: 10 minuti
Tempo di cottura: 30 minuti
Porzioni: 4

Ingredienti:
- 1 tazza di mandorle, schiacciate
- 2 uova sbattute
- ½ tazza di latte di mandorle
- 1 cucchiaino di estratto di vaniglia
- 2/3 tazza di zucchero di cocco
- 2 tazze di farina integrale
- 1 cucchiaino di lievito in polvere
- Spray da cucina

Indicazioni:
1. In una ciotola unire le mandorle con le uova e gli altri ingredienti tranne lo spray da cucina e mescolare bene.
2. Versate il tutto in una teglia quadrata unta di spray da cucina, spalmate bene, infornate per 30 minuti, fate raffreddare, tagliate a barrette e servite.

Nutrizione: calorie 463, grassi 22,5, fibre 11, carboidrati 54,4, proteine 16,9

Mix di pesche al forno

Tempo di preparazione: 10 minuti
Tempo di cottura: 30 minuti
Porzioni: 4

Ingredienti:
- 4 pesche, private del nocciolo e tagliate a metà
- 1 cucchiaio di zucchero di cocco
- 1 cucchiaino di estratto di vaniglia
- ¼ di cucchiaino di cannella in polvere
- 1 cucchiaio di olio di avocado

Indicazioni:
1. In una teglia unire le pesche con lo zucchero e gli altri ingredienti, infornare a 375 gradi per 30 minuti, raffreddare e servire.

Nutrizione: calorie 91, grassi 0,8, fibre 2,5, carboidrati 19,2, proteine 1,7

Torta Di Noci

Tempo di preparazione: 10 minuti
Tempo di cottura: 25 minuti
Porzioni: 8

Ingredienti:
- 3 tazze di farina di mandorle
- 1 tazza di zucchero di cocco
- 1 cucchiaio di estratto di vaniglia
- ½ tazza di noci tritate
- 2 cucchiaini di bicarbonato di sodio
- 2 tazze di latte di cocco
- ½ tazza di olio di cocco, sciolto

Indicazioni:
1. In una ciotola unire la farina di mandorle con lo zucchero e gli altri ingredienti, frullare bene, versare in una tortiera, spalmare, introdurre in forno a 37 ° C, infornare per 25 minuti.
2. Lasciate raffreddare la torta, affettatela e servite.

Nutrizione: calorie 445, grassi 10, fibre 6,5, carboidrati 31,4, proteine 23,5

Torta di mele

Tempo di preparazione: 10 minuti
Tempo di cottura: 30 minuti
Porzioni: 4

Ingredienti:
- 2 tazze di farina di mandorle
- 1 cucchiaino di bicarbonato di sodio
- 1 cucchiaino di lievito in polvere
- ½ cucchiaino di cannella in polvere
- 2 cucchiai di zucchero di cocco
- 1 tazza di latte di mandorle
- 2 mele verdi, private del torsolo, sbucciate e tritate
- Spray da cucina

Indicazioni:
1. In una ciotola unire la farina con il bicarbonato di sodio, le mele e gli altri ingredienti tranne lo spray da cucina e frullare bene.
2. Versate il tutto in una tortiera unta con lo spray da cucina, spalmate bene, introducete in forno e infornate a 360 gradi per 30 minuti.
3. Raffredda la torta, affetta e servi.

Nutrizione: calorie 332, grassi 22.4, fibre 9l.6, carboidrati 22.2, proteine 12.3

Crema alla cannella

Tempo di preparazione: 2 ore
Tempo di cottura: 10 minuti
Porzioni: 4

Ingredienti:
- 1 tazza di latte di mandorle magro
- 1 tazza di crema al cocco
- 2 tazze di zucchero di cocco
- 2 cucchiai di cannella in polvere
- 1 cucchiaino di estratto di vaniglia

Indicazioni:
1. Riscaldare una padella con il latte di mandorle a fuoco medio, aggiungere il resto degli ingredienti, frullare e cuocere per altri 10 minuti.
2. Dividete il composto in ciotole, fate raffreddare e tenete in frigo per 2 ore prima di servire.

Nutrizione: calorie 254, grassi 7,5, fibre 5, carboidrati 16,4, proteine 9,5

Mix cremoso di fragole

Tempo di preparazione: 10 minuti
Tempo di cottura: 0 minuti
Porzioni: 4

Ingredienti:
- 1 cucchiaino di estratto di vaniglia
- 2 tazze di fragole, tritate
- 1 cucchiaino di zucchero di cocco
- 8 once di yogurt magro

Indicazioni:
1. In una ciotola unire le fragole con la vaniglia e gli altri ingredienti, mescolare e servire freddo.

Nutrizione: calorie 343, grassi 13,4, fibre 6, carboidrati 15,43, proteine 5,5

Brownies alla vaniglia e noci pecan

Tempo di preparazione: 10 minuti
Tempo di cottura: 25 minuti
Porzioni: 8

Ingredienti:
- 1 tazza di noci pecan, tritate
- 3 cucchiai di zucchero di cocco
- 2 cucchiai di cacao in polvere
- 3 uova, sbattute
- ¼ di tazza di olio di cocco, sciolto
- ½ cucchiaino di lievito in polvere
- 2 cucchiaini di estratto di vaniglia
- Spray da cucina

Indicazioni:
1. Nel tuo robot da cucina, unisci le noci pecan con lo zucchero di cocco e gli altri ingredienti tranne lo spray da cucina e frulla bene.
2. Ungete una teglia quadrata con uno spray da cucina, unite il composto di brownies, spalmate, introducete in forno, infornate a 350 gradi per 25 minuti, lasciate raffreddare, affettate e servite.

Nutrizione: calorie 370, grassi 14,3, fibre 3, carboidrati 14,4, proteine 5,6

Torta Di Fragole

Tempo di preparazione: 10 minuti
Tempo di cottura: 25 minuti
Porzioni: 6

Ingredienti:
- 2 tazze di farina integrale
- 1 tazza di fragole, tritate
- ½ cucchiaino di bicarbonato di sodio
- ½ tazza di zucchero di cocco
- ¾ tazza di latte di cocco
- ¼ di tazza di olio di cocco, sciolto
- 2 uova sbattute
- 1 cucchiaino di estratto di vaniglia
- Spray da cucina

Indicazioni:
1. In una ciotola unire la farina con le fragole e gli altri ingredienti tranne lo spray da cucina e frullare bene.
2. Ungere una tortiera con dello spray da cucina, versare il composto per dolci, spalmare, infornare a 350 gradi per 25 minuti, raffreddare, affettare e servire.

Nutrizione: calorie 465, grassi 22,1, fibre 4, carboidrati 18,3, proteine 13,4

Budino Di Cacao

Tempo di preparazione: 10 minuti
Tempo di cottura: 10 minuti
Porzioni: 4

Ingredienti:
- 2 cucchiai di zucchero di cocco
- 3 cucchiai di farina di cocco
- 2 cucchiai di cacao in polvere
- 2 tazze di latte di mandorle
- 2 uova sbattute
- ½ cucchiaino di estratto di vaniglia

Indicazioni:
1. Mettere il latte in una padella, unire il cacao e gli altri ingredienti, frullare, cuocere a fuoco medio per 10 minuti, versare in tazzine e servire freddo.

Nutrizione: calorie 385, grassi 31,7, fibre 5,7, carboidrati 21,6, proteine 7,3

Crema alla vaniglia alla noce moscata

Tempo di preparazione: 10 minuti
Tempo di cottura: 0 minuti
Porzioni: 6

Ingredienti:
- 3 tazze di latte scremato
- 1 cucchiaino di noce moscata, macinata
- 2 cucchiaini di estratto di vaniglia
- 4 cucchiaini di zucchero di cocco
- 1 tazza di noci, tritate

Indicazioni:
1. In una ciotola unire il latte con la noce moscata e gli altri ingredienti, frullare bene, dividere in coppette e servire freddo.

Nutrizione: calorie 243, grassi 12,4, fibre 1,5, carboidrati 21,1, proteine 9,7

Crema di avocado

Tempo di preparazione: 1 ora e 10 minuti

Tempo di cottura: 0 minuti
Porzioni: 4

Ingredienti:
- 2 tazze di crema al cocco
- 2 avocado, sbucciati, snocciolati e schiacciati
- 2 cucchiai di zucchero di cocco
- 1 cucchiaino di estratto di vaniglia

Indicazioni:
1. In un frullatore unire la panna con gli avocado e gli altri ingredienti, frullare bene, dividere in coppette e tenere in frigo per 1 ora prima di servire.

Nutrizione: calorie 532, grassi 48,2, fibre 9,4, carboidrati 24,9, proteine 5,2

Crema Di Lamponi

Tempo di preparazione: 10 minuti
Tempo di cottura: 25 minuti
Porzioni: 4

Ingredienti:
- 2 cucchiai di farina di mandorle
- 1 tazza di crema al cocco
- 3 tazze di lamponi
- 1 tazza di zucchero di cocco
- 8 once di crema di formaggio magro

Indicazioni:
1. In una terrina la farina con la panna e gli altri ingredienti, frullare, trasferire in una teglia rotonda, cuocere a 360 gradi per 25 minuti, dividere in ciotole e servire.

Nutrizione: calorie 429, grassi 36,3, fibre 7,7, carboidrati 21,3, proteine 7,8

Insalata di anguria

Tempo di preparazione: 4 minuti
Tempo di cottura: 0 minuti
Porzioni: 4

Ingredienti:
- 1 tazza di anguria, sbucciata e tagliata a cubetti
- 2 mele, private del torsolo e tagliate a cubetti
- 1 cucchiaio di crema di cocco
- 2 banane, tagliate a pezzi

Indicazioni:
1. In una ciotola unire l'anguria con le mele e gli altri ingredienti, mescolare e servire.

Nutrizione: calorie 131, grassi 1.3, fibre 4.5, carboidrati 31.9, proteine 1.3

Mix di pere al cocco

Tempo di preparazione: 10 minuti
Tempo di cottura: 10 minuti
Porzioni: 4

Ingredienti:
- 2 cucchiaini di succo di lime
- ½ tazza di crema al cocco
- ½ tazza di cocco, sminuzzato
- 4 pere, private del torsolo e tagliate a cubetti
- 4 cucchiai di zucchero di cocco

Indicazioni:
1. In una padella unire le pere con il succo di lime e gli altri ingredienti, mescolare, portare a ebollizione a fuoco medio e cuocere per 10 minuti.
2. Dividete in ciotole e servite fredde.

Nutrizione: calorie 320, grassi 7,8, fibre 3, carboidrati 6,4, proteine 4,7

Composta di mele

Tempo di preparazione: 10 minuti
Tempo di cottura: 15 minuti
Porzioni: 4

Ingredienti:
- 5 cucchiai di zucchero di cocco
- 2 tazze di succo d'arancia
- 4 mele, private del torsolo e tagliate a cubetti

Indicazioni:
1. In una pentola unire le mele con lo zucchero e il succo d'arancia, mescolare, portare a ebollizione a fuoco medio, cuocere per 15 minuti, dividere in ciotole e servire freddo.

Nutrizione: calorie 220, grassi 5.2, fibra 3, carboidrati 5.6, proteine 5.6

Stufato di albicocche

Tempo di preparazione: 10 minuti
Tempo di cottura: 15 minuti
Porzioni: 4

Ingredienti:

- 2 tazze di albicocche, tagliate a metà
- 2 tazze d'acqua
- 2 cucchiai di zucchero di cocco
- 2 cucchiai di succo di limone

Indicazioni:

1. In una pentola unire le albicocche con l'acqua e gli altri ingredienti, mescolare, cuocere a fuoco medio per 15 minuti, dividere in ciotole e servire.

Nutrizione: calorie 260, grassi 6.2, fibre 4.2, carboidrati 5.6, proteine 6

Mix di melone al limone

Tempo di preparazione: 10 minuti
Tempo di cottura: 10 minuti
Porzioni: 4

Ingredienti:
- 2 tazze di melone, sbucciate e tagliate grossolanamente a cubetti
- 4 cucchiai di zucchero di cocco
- 2 cucchiaini di estratto di vaniglia
- 2 cucchiaini di succo di limone

Indicazioni:
1. In un pentolino unire il melone allo zucchero e agli altri ingredienti, mescolare, scaldare a fuoco medio, cuocere per circa 10 minuti, dividere in ciotole e servire freddo.

Nutrizione: calorie 140, grassi 4, fibre 3,4, carboidrati 6,7, proteine 5

Crema cremosa al rabarbaro

Tempo di preparazione: 10 minuti
Tempo di cottura: 14 minuti
Porzioni: 4

Ingredienti:
- 1/3 di tazza di crema di formaggio magro
- ½ tazza di crema al cocco
- Rabarbaro da 2 libbre, tritato grossolanamente
- 3 cucchiai di zucchero di cocco

Indicazioni:
1. In un frullatore, unire la crema di formaggio con la panna e gli altri ingredienti e frullare bene.
2. Dividere in coppette, introdurre in forno e infornare a 350 gradi per 14 minuti.
3. Servire freddo.

Nutrizione: calorie 360, grassi 14,3, fibre 4,4, carboidrati 5,8, proteine 5,2

Ciotole di ananas

Tempo di preparazione: 10 minuti
Tempo di cottura: 0 minuti
Porzioni: 4

Ingredienti:
- 3 tazze di ananas, sbucciate e tagliate a cubetti
- 1 cucchiaino di semi di chia
- 1 tazza di crema al cocco
- 1 cucchiaino di estratto di vaniglia
- 1 cucchiaio di menta, tritata

Indicazioni:
1. In una ciotola unire l'ananas con la panna e gli altri ingredienti, mescolare, dividere in ciotole più piccole e tenere in frigo per 10 minuti prima di servire.

Nutrizione: calorie 238, grassi 16,6, fibre 5,6, carboidrati 22,8, proteine 3,3

Stufato di mirtilli

Tempo di preparazione: 10 minuti
Tempo di cottura: 10 minuti
Porzioni: 4

Ingredienti:
- 2 cucchiai di succo di limone
- 1 tazza d'acqua
- 3 cucchiai di zucchero di cocco
- 12 once di mirtilli

Indicazioni:
1. In una padella unire i mirtilli con lo zucchero e gli altri ingredienti, portare a fuoco lento e cuocere a fuoco medio per 10 minuti.
2. Dividete in ciotole e servite.

Nutrizione: calorie 122, grassi 0,4, fibre 2,1, carboidrati 26,7, proteine 1,5

Budino Di Lime

Tempo di preparazione: 10 minuti
Tempo di cottura: 15 minuti
Porzioni: 4

Ingredienti:
- 2 tazze di crema al cocco
- Succo di 1 lime
- La scorza di 1 lime, grattugiata
- 3 cucchiai di olio di cocco, sciolto
- 1 uovo, sbattuto
- 1 cucchiaino di lievito in polvere

Indicazioni:
1. In una ciotola unire la panna con il succo di lime e gli altri ingredienti e frullare bene.
2. Dividere in piccoli stampini, introdurre in forno e infornare a 360 gradi per 15 minuti.
3. Servire il budino freddo.

Nutrizione: calorie 385, grassi 39,9, fibre 2,7, carboidrati 8,2, proteine 4,2

Crema di pesche

Tempo di preparazione: 10 minuti
Tempo di cottura: 0 minuti
Porzioni: 4

Ingredienti:
- 3 tazze di crema al cocco
- 2 pesche, private del nocciolo e tritate
- 1 cucchiaino di estratto di vaniglia
- ½ tazza di mandorle tritate

Indicazioni:
1. In un frullatore unire la panna e gli altri ingredienti, frullare bene, dividere in ciotoline e servire freddo.

Nutrizione: calorie 261, grassi 13, fibre 5.6, carboidrati 7, proteine 5.4

Miscela Di Prugne Alla Cannella

Tempo di preparazione: 10 minuti
Tempo di cottura: 15 minuti
Porzioni: 4

Ingredienti:
- 1 libbra di prugne, noccioli rimossi e dimezzati
- 2 cucchiai di zucchero di cocco
- ½ cucchiaino di cannella in polvere
- 1 tazza d'acqua

Indicazioni:
1. In una padella unire le prugne con lo zucchero e gli altri ingredienti, portare a ebollizione e cuocere a fuoco medio per 15 minuti.
2. Dividete in ciotole e servite fredde.

Nutrizione: calorie 142, grassi 4, fibre 2.4, carboidrati 14, proteine 7

Chia e Mele Vaniglia

Tempo di preparazione: 10 minuti
Tempo di cottura: 10 minuti
Porzioni: 4

Ingredienti:
- 2 tazze di mele, private del torsolo e tagliate a spicchi
- 2 cucchiai di semi di chia
- 1 cucchiaino di estratto di vaniglia
- 2 tazze di succo di mela naturalmente non zuccherato

Indicazioni:
1. In una pentola unire le mele con i semi di chia e gli altri ingredienti, mescolare, far cuocere a fuoco medio per 10 minuti, dividere in ciotole e servire freddo.

Nutrizione: calorie 172, grassi 5.6, fibre 3.5, carboidrati 10, proteine 4.4

Budino Di Riso E Pere

Tempo di preparazione: 10 minuti
Tempo di cottura: 25 minuti
Porzioni: 4

Ingredienti:
- 6 tazze d'acqua
- 1 tazza di zucchero di cocco
- 2 tazze di riso nero
- 2 pere, private del torsolo e tagliate a cubetti
- 2 cucchiaini di cannella in polvere

Indicazioni:
1. Mettete l'acqua in una padella, scaldatela a fuoco medio-alto, aggiungete il riso, lo zucchero e gli altri ingredienti, mescolate, portate a ebollizione, abbassate la fiamma e cuocete per 25 minuti.
2. Dividete in ciotole e servite fredde.

Nutrizione: calorie 290, grassi 13,4, fibre 4, carboidrati 13,20, proteine 6,7

Stufato di rabarbaro

Tempo di preparazione: 10 minuti
Tempo di cottura: 15 minuti
Porzioni: 4

Ingredienti:
- 2 tazze di rabarbaro, tritato grossolanamente
- 3 cucchiai di zucchero di cocco
- 1 cucchiaino di estratto di mandorle
- 2 tazze d'acqua

Indicazioni:
1. In una pentola unire il rabarbaro agli altri ingredienti, mescolare, portare a ebollizione a fuoco medio, cuocere per 15 minuti, dividere in ciotole e servire freddo.

Nutrizione: calorie 142, grassi 4.1, fibre 4.2, carboidrati 7, proteine 4

Crema di rabarbaro

Tempo di preparazione: 1 ora
Tempo di cottura: 10 minuti
Porzioni: 4

Ingredienti:
- 2 tazze di crema al cocco
- 1 tazza di rabarbaro, tritato
- 3 uova, sbattute
- 3 cucchiai di zucchero di cocco
- 1 cucchiaio di succo di lime

Indicazioni:
1. In un pentolino unire la panna con il rabarbaro e gli altri ingredienti, sbattere bene, cuocere a fuoco medio per 10 minuti, frullare con un frullatore ad immersione, dividere in ciotole e tenere in frigo per 1 ora prima di servire.

Nutrizione: calorie 230, grassi 8,4, fibre 2,4, carboidrati 7,8, proteine 6

Insalata Di Mirtilli

Tempo di preparazione: 5 minuti
Tempo di cottura: 0 minuti
Porzioni: 4

Ingredienti:
- 2 tazze di mirtilli
- 3 cucchiai di menta, tritata
- 1 pera, privata del torsolo e tagliata a cubetti
- 1 mela, torsolo e cubetti
- 1 cucchiaio di zucchero di cocco

Indicazioni:
1. In una ciotola unire i mirtilli con la menta e gli altri ingredienti, mescolare e servire freddo.

Nutrizione: calorie 150, grassi 2.4, fibre 4, carboidrati 6,8, proteine 6

Datteri e crema di banana

Tempo di preparazione: 5 minuti
Tempo di cottura: 0 minuti
Porzioni: 4

Ingredienti:
- 1 tazza di latte di mandorle
- 1 banana, sbucciata e affettata
- 1 cucchiaino di estratto di vaniglia
- ½ tazza di crema al cocco
- datteri, tritati

Indicazioni:
1. In un frullatore unire i datteri con la banana e gli altri ingredienti, frullare bene, dividere in coppette e servire freddo.

Nutrizione: calorie 271, grassi 21,6, fibre 3,8, carboidrati 21,2, proteine 2,7

Muffin alla prugna

Tempo di preparazione: 10 minuti
Tempo di cottura: 25 minuti
Porzioni: 12

Ingredienti:
- 3 cucchiai di olio di cocco, sciolto
- ½ tazza di latte di mandorle
- 4 uova sbattute
- 1 cucchiaino di estratto di vaniglia
- 1 tazza di farina di mandorle
- 2 cucchiaini di cannella in polvere
- ½ cucchiaino di lievito in polvere
- 1 tazza di prugne, snocciolate e tritate

Indicazioni:
1. In una ciotola unire l'olio di cocco con il latte di mandorle e gli altri ingredienti e frullare bene.
2. Dividere in una teglia da muffin, introdurre in forno a 350 ° F e infornare per 25 minuti.
3. Servire i muffin freddi.

Nutrizione: calorie 270, grassi 3,4, fibre 4,4, carboidrati 12, proteine 5

Ciotole di prugne e uvetta

Tempo di preparazione: 10 minuti
Tempo di cottura: 20 minuti
Porzioni: 4

Ingredienti:
- ½ libbra di prugne, snocciolate e tagliate a metà
- 2 cucchiai di zucchero di cocco
- 4 cucchiai di uvetta
- 1 cucchiaino di estratto di vaniglia
- 1 tazza di crema al cocco

Indicazioni:
1. In una padella unire le prugne con lo zucchero e gli altri ingredienti, portare a ebollizione e cuocere a fuoco medio per 20 minuti.
2. Dividete in ciotole e servite.

Nutrizione: calorie 219, grassi 14,4, fibre 1,8, carboidrati 21,1, proteine 2.2

Barrette di semi di girasole

Tempo di preparazione: 10 minuti
Tempo di cottura: 20 minuti
Porzioni: 6

Ingredienti:
- 1 tazza di farina di cocco
- ½ cucchiaino di bicarbonato di sodio
- 1 cucchiaio di semi di lino
- 3 cucchiai di latte di mandorle
- 1 tazza di semi di girasole
- 2 cucchiai di olio di cocco, sciolto
- 1 cucchiaino di estratto di vaniglia

Indicazioni:
1. In una ciotola mescolare la farina con il bicarbonato e gli altri ingredienti, mescolare bene, stendere su una teglia, premere bene, cuocere in forno a 350 gradi per 20 minuti, lasciare da parte a raffreddare, tagliare a barrette e servire.

Nutrizione: calorie 189, grassi 12,6, fibre 9,2, carboidrati 15,7, proteine 4,7

Ciotole per more e anacardi

Tempo di preparazione: 10 minuti

Tempo di cottura: 0 minuti

Porzioni: 4

Ingredienti:

- 1 tazza di anacardi
- 2 tazze di more
- ¾ tazza di crema al cocco
- 1 cucchiaino di estratto di vaniglia
- 1 cucchiaio di zucchero di cocco

Indicazioni:

1. In una ciotola unire gli anacardi con i frutti di bosco e gli altri ingredienti, mescolare, dividere in piccole ciotole e servire.

Nutrizione: calorie 230, grassi 4, fibre 3,4, carboidrati 12,3, proteine 8

Ciotole Arancia e Mandarini

Tempo di preparazione: 4 minuti
Tempo di cottura: 8 minuti
Porzioni: 4

Ingredienti:
- 4 arance, sbucciate e tagliate a spicchi
- 2 mandarini, pelati e tagliati a spicchi
- Succo di 1 lime
- 2 cucchiai di zucchero di cocco
- 1 tazza d'acqua

Indicazioni:
1. In una padella unire le arance con i mandarini e gli altri ingredienti, portare a ebollizione e cuocere a fuoco medio per 8 minuti.
2. Dividete in ciotole e servite fredde.

Nutrizione: calorie 170, grassi 2,3, fibre 2,3, carboidrati 11, proteine 3,4

Crema Di Zucca

Tempo di preparazione: 2 ore
Tempo di cottura: 0 minuti
Porzioni: 4

Ingredienti:
- 2 tazze di crema al cocco
- 1 tazza di purea di zucca
- 14 once di crema di cocco
- 3 cucchiai di zucchero di cocco

Indicazioni:
1. In una ciotola unire la panna con la purea di zucca e gli altri ingredienti, frullare bene, dividere in ciotoline e tenere in frigo per 2 ore prima di servire.

Nutrizione: calorie 350, grassi 12,3, fibre 3, carboidrati 11,7, proteine 6

Mix di fichi e rabarbaro

Tempo di preparazione: 6 minuti
Tempo di cottura: 14 minuti
Porzioni: 4

Ingredienti:
- 2 cucchiai di olio di cocco, sciolto
- 1 tazza di rabarbaro, tritato grossolanamente
- 12 fichi, tagliati a metà
- ¼ di tazza di zucchero di cocco
- 1 tazza d'acqua

Indicazioni:
1. Scaldare una padella con l'olio a fuoco medio, unire i fichi e il resto degli ingredienti, mescolare, far cuocere per 14 minuti, dividere in coppette e servire freddo.

Nutrizione: calorie 213, grassi 7.4, fibre 6.1, carboidrati 39, proteine 2.2

Banana speziata

Tempo di preparazione: 4 minuti
Tempo di cottura: 15 minuti
Porzioni: 4

Ingredienti:
- 4 banane, sbucciate e tagliate a metà
- 1 cucchiaino di noce moscata, macinata
- 1 cucchiaino di cannella in polvere
- Succo di 1 lime
- 4 cucchiai di zucchero di cocco

Indicazioni:
1. Disporre le banane in una teglia, aggiungere la noce moscata e gli altri ingredienti, infornare a 350 gradi per 15 minuti.
2. Dividete le banane al forno tra i piatti e servite.

Nutrizione: calorie 206, grassi 0,6, fibre 3,2, carboidrati 47,1, proteine 2.4

Frullato al cacao

Tempo di preparazione: 5 minuti
Tempo di cottura: 0 minuti
Porzioni: 2

Ingredienti:
- 2 cucchiaini di cacao in polvere
- 1 avocado, snocciolato, sbucciato e schiacciato
- 1 tazza di latte di mandorle
- 1 tazza di crema al cocco

Indicazioni:
1. Nel tuo frullatore unisci il latte di mandorle con la panna e gli altri ingredienti, sbatti bene, dividi in tazze e servi freddo.

Nutrizione: calorie 155, grassi 12,3, fibre 4, carboidrati 8,6, proteine 5

Barrette di banana

Tempo di preparazione: 30 minuti

Tempo di cottura: 0 minuti

Porzioni: 4

Ingredienti:

- 1 tazza di olio di cocco, sciolto
- 2 banane, sbucciate e tritate
- 1 avocado, sbucciato, snocciolato e schiacciato
- ½ tazza di zucchero di cocco
- ¼ di tazza di succo di lime
- 1 cucchiaino di scorza di limone grattugiata
- Spray da cucina

Indicazioni:

1. Nel tuo robot da cucina, mescola le banane con l'olio e gli altri ingredienti tranne lo spray da cucina e frulla bene.
2. Ungete una teglia con lo spray da cucina, versate e stendete la banana mix, spalmate, tenete in frigo per 30 minuti, tagliate a barrette e servite.

Nutrizione: calorie 639, grassi 64,6, fibre 4,9, carboidrati 20,5, proteine 1,7

Bar con tè verde e datteri

Tempo di preparazione: 10 minuti
Tempo di cottura: 30 minuti
Porzioni: 8

Ingredienti:
- 2 cucchiai di tè verde in polvere
- 2 tazze di latte di cocco, riscaldato
- ½ tazza di olio di cocco, sciolto
- 2 tazze di zucchero di cocco
- 4 uova sbattute
- 2 cucchiaini di estratto di vaniglia
- 3 tazze di farina di mandorle
- 1 cucchiaino di bicarbonato di sodio
- 2 cucchiaini di lievito in polvere

Indicazioni:
1. In una ciotola unire il latte di cocco con la polvere di tè verde e il resto degli ingredienti, mescolare bene, versare in una teglia quadrata, spalmare, introdurre in forno, infornare a 350 gradi per 30 minuti, raffreddare, tagliare a bar e servire.

Nutrizione: calorie 560, grassi 22,3, fibre 4, carboidrati 12,8, proteine 22,1

Crema di noci

Tempo di preparazione: 2 ore
Tempo di cottura: 0 minuti
Porzioni: 4

Ingredienti:
- 2 tazze di latte di mandorle
- ½ tazza di crema al cocco
- ½ tazza di noci tritate
- 3 cucchiai di zucchero di cocco
- 1 cucchiaino di estratto di vaniglia

Indicazioni:
1. In una ciotola unire il latte di mandorle con la panna e gli altri ingredienti, frullare bene, dividere in coppette e tenere in frigo per 2 ore prima di servire.

Nutrizione: calorie 170, grassi 12,4, fibre 3, carboidrati 12,8, proteine 4

Torta al limone

Tempo di preparazione: 10 minuti
Tempo di cottura: 35 minuti
Porzioni: 6

Ingredienti:
- 2 tazze di farina integrale
- 1 cucchiaino di lievito in polvere
- 2 cucchiai di olio di cocco, sciolto
- 1 uovo, sbattuto
- 3 cucchiai di zucchero di cocco
- 1 tazza di latte di mandorle
- La scorza di 1 limone grattugiata
- Succo di 1 limone

Indicazioni:
1. In una ciotola unire la farina con l'olio e gli altri ingredienti, frullare bene, trasferire il tutto in una tortiera e infornare a 360 ° per 35 minuti.
2. Affetta e servi freddo.

Nutrizione: calorie 222, grassi 12,5, fibre 6,2, carboidrati 7, proteine 17,4

Barrette di uvetta

Tempo di preparazione: 10 minuti
Tempo di cottura: 25 minuti
Porzioni: 6

Ingredienti:
- 1 cucchiaino di cannella in polvere
- 2 tazze di farina di mandorle
- 1 cucchiaino di lievito in polvere
- ½ cucchiaino di noce moscata, macinata
- 1 tazza di olio di cocco, sciolto
- 1 tazza di zucchero di cocco
- 1 uovo, sbattuto
- 1 tazza di uvetta

Indicazioni:
1. In una ciotola unire la farina con la cannella e gli altri ingredienti, mescolare bene, stendere su una teglia foderata, introdurre in forno, infornare a 380 gradi per 25 minuti, tagliare a listarelle e servire freddo.

Nutrizione: calorie 274, grassi 12, fibre 5,2, carboidrati 14,5, proteine 7

Nettarine Squares

Tempo di preparazione: 10 minuti
Tempo di cottura: 20 minuti
Porzioni: 4

Ingredienti:
- 3 pesche noci, snocciolate e tritate
- 1 cucchiaio di zucchero di cocco
- ½ cucchiaino di bicarbonato di sodio
- 1 tazza di farina di mandorle
- 4 cucchiai di olio di cocco, sciolto
- 2 cucchiai di cacao in polvere

Indicazioni:
1. In un frullatore unire le pesche noci con lo zucchero e il resto degli ingredienti, sbattere bene, versare in una teglia quadrata foderata, spalmare, infornare a 375 gradi per 20 minuti, lasciare raffreddare un po 'il composto , tagliate a quadratini e servite.

Nutrizione: calorie 342, grassi 14,4, fibre 7,6, carboidrati 12, proteine 7,7

Stufato di uva

Tempo di preparazione: 10 minuti
Tempo di cottura: 20 minuti
Porzioni: 4

Ingredienti:
- 1 tazza di uva verde
- Succo di ½ lime
- 2 cucchiai di zucchero di cocco
- 1 tazza e ½ d'acqua
- 2 cucchiaini di cardamomo in polvere

Indicazioni:
1. Riscaldare una padella con l'acqua a fuoco medio, aggiungere l'uva e gli altri ingredienti, portare a ebollizione, cuocere per 20 minuti, dividere in ciotole e servire.

Nutrizione: calorie 384, grassi 12,5, fibre 6,3, carboidrati 13,8, proteine 5,6

Crema Mandarino e Prugne

Tempo di preparazione: 10 minuti
Tempo di cottura: 20 minuti
Porzioni: 4

Ingredienti:
- 1 mandarino, sbucciato e tritato
- ½ libbra di prugne, snocciolate e tritate
- 1 tazza di crema al cocco
- Succo di 2 mandarini
- 2 cucchiai di zucchero di cocco

Indicazioni:
1. In un frullatore, unire il mandarino con le prugne e gli altri ingredienti, sbattere bene, dividere in piccoli stampini, introdurre in forno, infornare a 350 gradi per 20 minuti e servire freddo.

Nutrizione: calorie 402, grassi 18,2, fibra 2, carboidrati 22,2, proteine 4,5

Crema di Ciliegie e Fragole

Tempo di preparazione: 10 minuti
Tempo di cottura: 0 minuti
Porzioni: 6

Ingredienti:
- Ciliegie da 1 libbra, snocciolate
- 1 tazza di fragole, tritate
- ¼ di tazza di zucchero di cocco
- 2 tazze di crema al cocco

Indicazioni:
1. In un frullatore unire le ciliegie con gli altri ingredienti, frullare bene, dividere in ciotole e servire freddo.

Nutrizione: calorie 342, grassi 22,1, fibre 5,6, carboidrati 8,4, proteine 6,5

Cardamomo, noci e budino di riso

Tempo di preparazione: 5 minuti
Tempo di cottura: 40 minuti
Porzioni: 4

Ingredienti:
- 1 tazza di riso basmati
- 3 tazze di latte di mandorle
- 3 cucchiai di zucchero di cocco
- ½ cucchiaino di cardamomo in polvere
- ¼ di tazza di noci tritate

Indicazioni:
1. In una padella unire il riso con il latte e gli altri ingredienti, mescolare, cuocere per 40 minuti a fuoco medio, dividere in ciotole e servire freddo.

Nutrizione: calorie 703, grassi 47,9, fibre 5,2, carboidrati 62,1, proteine 10,1

Pane alle pere

Tempo di preparazione: 10 minuti
Tempo di cottura: 30 minuti
Porzioni: 4

Ingredienti:
- 2 tazze di pere, private del torsolo e tagliate a cubetti
- 1 tazza di zucchero di cocco
- 2 uova sbattute
- 2 tazze di farina di mandorle
- 1 cucchiaio di lievito in polvere
- 1 cucchiaio di olio di cocco, sciolto

Indicazioni:
1. In una terrina mescolate le pere con lo zucchero e gli altri ingredienti, frullate, versatele in una teglia, mettete in forno e infornate a 350 gradi per 30 minuti.
2. Affetta e servi freddo.

Nutrizione: calorie 380, grassi 16,7, fibre 5, carboidrati 17,5, proteine 5,6

Budino Di Riso E Ciliegie

Tempo di preparazione: 10 minuti
Tempo di cottura: 25 minuti
Porzioni: 4

Ingredienti:
- 1 cucchiaio di olio di cocco, sciolto
- 1 tazza di riso bianco
- 3 tazze di latte di mandorle
- ½ tazza di ciliegie, snocciolate e tagliate a metà
- 3 cucchiai di zucchero di cocco
- 1 cucchiaino di cannella in polvere
- 1 cucchiaino di estratto di vaniglia

Indicazioni:
1. In una padella unire l'olio con il riso e gli altri ingredienti, mescolare, portare a ebollizione, cuocere per 25 minuti a fuoco medio, dividere in ciotole e servire freddo.

Nutrizione: calorie 292, grassi 12,4, fibre 5,6, carboidrati 8, proteine 7

Stufato Di Anguria

Tempo di preparazione: 5 minuti
Tempo di cottura: 8 minuti
Porzioni: 4

Ingredienti:
- Succo di 1 lime
- 1 cucchiaino di scorza di lime grattugiata
- 1 tazza e ½ di zucchero di cocco
- 4 tazze di anguria, sbucciata e tagliata a pezzi grandi
- 1 tazza e ½ d'acqua

Indicazioni:
1. In una padella unire l'anguria con la scorza di lime e gli altri ingredienti, mescolare, portare a ebollizione a fuoco medio, cuocere per 8 minuti, dividere in ciotole e servire freddo.

Nutrizione:: calorie 233, grassi 0,2, fibre 0,7, carboidrati 61,5, proteine 0,9

Budino allo zenzero

Tempo di preparazione: 1 ora
Tempo di cottura: 0 minuti
Porzioni: 4

Ingredienti:
- 2 tazze di latte di mandorle
- ½ tazza di crema al cocco
- 2 cucchiai di zucchero di cocco
- 1 cucchiaio di zenzero, grattugiato
- ¼ di tazza di semi di chia

Indicazioni:
1. In una ciotola unire il latte con la panna e gli altri ingredienti, sbattere bene, dividere in coppette e tenerle in frigo per 1 ora prima di servire.

Nutrizione: calorie 345, grassi 17, fibre 4.7, carboidrati 11,5, proteine 6.9

Crema di anacardi

Tempo di preparazione: 2 ore
Tempo di cottura: 0 minuti
Porzioni: 4

Ingredienti:
- 1 tazza di anacardi, tritati
- 2 cucchiai di olio di cocco, sciolto
- 2 cucchiai di olio di cocco, sciolto
- 1 tazza di crema al cocco
- cucchiai di succo di limone
- 1 cucchiaio di zucchero di cocco

Indicazioni:
1. In un frullatore unire gli anacardi all'olio di cocco e agli altri ingredienti, frullare bene, dividere in coppette e tenere in frigo per 2 ore prima di servire.

Nutrizione: calorie 480, grassi 43,9, fibre 2,4, carboidrati 19,7, proteine 7

Biscotti alla canapa

Tempo di preparazione: 30 minuti
Tempo di cottura: 0 minuti
Porzioni: 6

Ingredienti:
- 1 tazza di mandorle, ammollate durante la notte e scolate
- 2 cucchiai di cacao in polvere
- 1 cucchiaio di zucchero di cocco
- ½ tazza di semi di canapa
- ¼ di tazza di cocco, sminuzzato
- ½ tazza di acqua

Indicazioni:
1. Nel tuo robot da cucina unisci le mandorle con il cacao in polvere e gli altri ingredienti, sbatti bene, pressalo su una teglia foderata, tieni in frigo per 30 minuti, affetta e servi.

Nutrizione: calorie 270, grassi 12,6, fibre 3, carboidrati 7,7, proteine 7

Ciotole Mandorle e Melograno

Tempo di preparazione: 2 ore
Tempo di cottura: 0 minuti
Porzioni: 4

Ingredienti:
- ½ tazza di crema al cocco
- 1 cucchiaino di estratto di vaniglia
- 1 tazza di mandorle tritate
- 1 tazza di semi di melograno
- 1 cucchiaio di zucchero di cocco

Indicazioni:
1. In una ciotola unire le mandorle con la panna e gli altri ingredienti, mescolare, dividere in ciotoline e servire.

Nutrizione: calorie 258, grassi 19, fibre 3,9, carboidrati 17,6, proteine 6,2

www.ingramcontent.com/pod-product-compliance
Lightning Source LLC
Chambersburg PA
CBHW071817080526
44589CB00012B/825